直觉心理学

遇见潜意识的自己

杨晓霜◎著

国家一级出版社 中国纺织出版社 全国百佳图书出版单位

内 容 提 要

直觉是神经末梢未经推理直接洞察事物的本质，潜意识是指人类心理活动中不能认知或没有认知到的部分，了解人的直觉与潜意识，能帮助我们开启隐藏的潜能，重塑内在的自我。

本书从理论与实际结合的角度，并从生活中的方方面面入手，用最简单便捷的方式，对直觉与潜意识进行了深层次的挖掘与分析，旨在帮助读者揭开“心想事成”法则的秘密。

图书在版编目（CIP）数据

直觉心理学：遇见潜意识的自己 / 杨晓霜著—北京：中国纺织出版社，2017.12（2024.1 重印）
ISBN 978-7-5180-4252-4

Ⅰ.①直… Ⅱ.①杨… Ⅲ.①直觉—研究 Ⅳ.①B017

中国版本图书馆CIP数据核字（2017）第265711号

责任编辑：闫 星　　特约编辑：李 杨　　责任印制：储志伟

中国纺织出版社出版发行

地址：北京市朝阳区百子湾东里A407号楼　邮政编码：100124

销售电话：010-67004422　传真：010-87155801

http：//www.c-textilep.com

E-mail：faxing@c-textilep.com

中国纺织出版社天猫旗舰店

官方微博http://weibo.com/2119887771

北京兰星球彩色印刷有限公司印刷　各地新华书店经销

2017年12月第1版　2024年1月第5次印刷

开本：710×1000　1/16　印张：15

字数：194千字　定价：49.80元

凡购本书，如有缺页、倒页、脱页，由本社图书营销中心调换

前言

生活着的你，不知道是否曾问过自己这样一个问题：我对现在的生活状态满意吗？我们当然希望获得肯定的答案，但实际上，也许我们看到更多的答案是否定的，人们为什么不满意自己的现状呢？你是不是悲观的人？是不是觉得自己痛苦又贫穷？是不是经常被焦虑纠缠？是不是认为自己对未来毫无信心？相反，也有一些人，他们快乐、积极、富有，他们的人生阳光灿烂。现在，你知道为什么会有这样的区别吗？是的，所有的疑问都指向同一个答案：潜意识。

大量的科学和心理研究都证明一点：人生成败的关键就在于人的心智功能发挥得如何。

在心理学上，心智被划为两个部分，一个是显意识，一个是潜意识，前者是能被察觉到的，而后者是人们察觉不到的。

比如，对于我们日常的活动，我们知道自己为什么会做某件事，能够清楚地意识到自己内心的活动，这就是显意识的内容。相反情况下，起作用的就是潜意识。

当然，一些专业人士还分出其他的部分，但对于我们来说，我们不需要分析那么复杂的理论现象，只需要了解显意识和潜意识的问题。

其实，人类心理结构中，显意识的范围只有5%，而潜意识的比例却高达而95%。并且，潜意识的力量比显意识大得多，正如安东尼·罗宾曾说的：“人类所有的改变都是潜意识上的改变。”

人的潜意识就像一个智慧仓库，正在等着我们去挖掘和利用，一旦我们能开启这座宝库的大门，我们的人生将会发生彻底的改变。正所谓思想决定行为，行为决定习惯，习惯决定命运。一个人在他的潜意识里把自己想象成什么样，他就会变成什么样。

然而，正如潜意识不被我们所认识到、具有隐匿性以外，很多人终其一生都未曾看到或利用潜意识的作用。即便是牛顿、爱因斯坦这样的天才，在他们一生的时间内，也只不过是发挥了他们潜意识中的百分之十而已。

除了潜意识之外，一直未被人们开发的智慧宝藏还有直觉，直觉是神经末梢未经推理直接洞察事物的本质，实际上，是我们的潜意识直接变为显意识的过程，几乎所有的创造性活动，都是来源直觉的指引。

无论是潜意识还是直觉，主要是来自于经验、知识、能力的积累，是现存的，并不需要我们费尽心思去挖掘，但同时，我们也可以通过学习来让潜意识内容得到更好的开采和利用。

本书深入浅出地向我们展示了潜意识对我们的巨大作用，书中的一些通俗易懂的案例告诉我们潜意识是如何转化为那些具体的事物的。本书内容丰富，贴近实际，阅读完你会发现，你的生活里好像出现了一股新的力量，这股力量好像魔法般，它能带你走出过去的痛苦、困扰、抑郁、贫穷和失败，让你摆脱糟糕的过去，从而踏上通往自由、幸福和平静的康庄大道。

编著者

2017年2月

目录

第01章　认识直觉和潜意识，了解心灵工作的原理　/　001

潜意识从何而来　/　002

直觉的发源地在哪　/　005

直觉是心灵深处的宝藏　/　008

潜意识与显意识的区别　/　010

潜意识的工作原理　/　013

每个人的行为都是潜意识的产物　/　016

第02章　从潜意识和直觉激发潜能：让自己更强大　/　019

学会做你身体的精神领袖　/　020

人生的“金矿”藏在潜意识背后　/　023

肯定自我，让自己成为一个屹立不倒的人　/　025

给自己打气，会让你越来越自信　/　028

积极的自我暗示能提升自信　/　031

累积自我价值，就是累积自信　/　034

第03章　潜意识与成功，为自己插上成功的翅膀　/　039

消除恐惧心理，敢于迈出第一步　/　040

你知道自己要什么吗　/　043

设立的目标一定要明确和清晰　/　046

心念目标，不断想象你的目标　/　049

制定一个未来规划，来指引潜意识 / 051
只有坚持到底，才能将梦想变成现实 / 054

第04章 运用意识转换心态，好心态带来好心情 / 057

悲观主义者的心声："我为什么总是不快乐" / 058
快乐或悲伤，都是潜意识所给的选择 / 060
笑对人生，不管一切如何 / 063
凡事多往好处想一想 / 066
调整潜意识，好心情是可以"装"出来的 / 069
人生安宁的本源在于潜意识 / 072

第05章 潜意识与情绪：别让你的情绪失控 / 075

冲动会让你做出失去理智的事 / 076
从潜意识控制你的愤怒情绪 / 078
不与争执，学会冷处理 / 082
调整心理状态，从消极变积极 / 085
内心扭转法始终让你内心充满阳光 / 088
转移法调节和消除坏情绪 / 090
"关"上耳朵，不给意识受刺激的机会 / 093

第06章 与不良潜意识说再见，赶走内心的负能量 / 097

在潜意识中用正能量代替负能量 / 098
悔恨毫无意义，学会原谅自己 / 101
一味地抱怨只会让你的人生陷入泥潭之中 / 104
摒弃"不可能"的意识，敢做才能做得到 / 106
割除自卑意识这颗毒瘤 / 110
骄傲自满只会让你停滞不前 / 112

别让潜意识中嫉妒这颗毒药害了你 / 114

第07章 潜意识与人际：迎合人心就能收获好人缘 / 119

人人都是以自我为中心的 / 120

谁都有被尊重的需要 / 123

时刻保持微笑，用温情感染他人 / 125

交际中满足对方希望成为重要人物的意识 / 128

认同和赞赏他人，你也会得到认可 / 132

满足对方的虚荣心 / 134

激发他人高尚的动机，让对方无法拒绝你 / 137

第08章 直觉与财富：如何运用直觉致富 / 141

像乔布斯那样相信直觉 / 142

股神巴菲特："几乎所有的投资都是来自我的直觉" / 144

财富目标：你想赚多少钱 / 147

相信直觉并不是要一味地冒险 / 150

机遇面前，不可错过 / 152

第09章 潜意识与微动作：从潜意识读懂人心 / 155

身体上的小动作在随时"表达"内心 / 156

通过微动作识破他人谎言 / 158

眼为心声，从眼神变化读懂对方内心世界 / 161

小小名片传递出的信息 / 164

看穿不同笑容背后的含义 / 166

嘴巴的动态展现他人内心喜怒哀乐 / 169

从打招呼的方式判断人性 / 171

通过睡姿探究他人心理 / 174

从约会场所的选择来洞悉对方的处世方式 / 177

第10章 潜意识与婚姻：从潜意识经营婚姻更美满 / 181

了解男女潜意识中的异性符号 / 182
拆不散的爱情：感情越是受阻，关系越是亲密 / 185
如何识别男人花心与否 / 188
婚姻中的“不理解”是怎么造成的 / 190
男女其实是互补和对抗的两个潜意识个体 / 193
要幸福，就要架一座心灵沟通的桥梁 / 195

第11章 有关直觉：直觉是对潜意识的归纳和总结 / 199

什么是心理直觉 / 200
人都会不自觉地接受暗示 / 203
从潜意识和直觉获得创造性灵感 / 205
只给自己正向的暗示 / 208
如何从潜意识调节自己的睡眠质量 / 211

第12章 潜意识与人生：其实，你可以更幸福 / 215

找到让自己真正感兴趣的事 / 216
给自己积极的暗示，朝积极的方向努力 / 218
人生的终极目标是幸福 / 220
你愿意为梦想作出改变吗 / 222
放过自己，别和自己较劲 / 225
为自己制定一个可以实现的幸福未来 / 228

参考文献 / 231

第01章

认识直觉和潜意识，了解心灵工作的原理

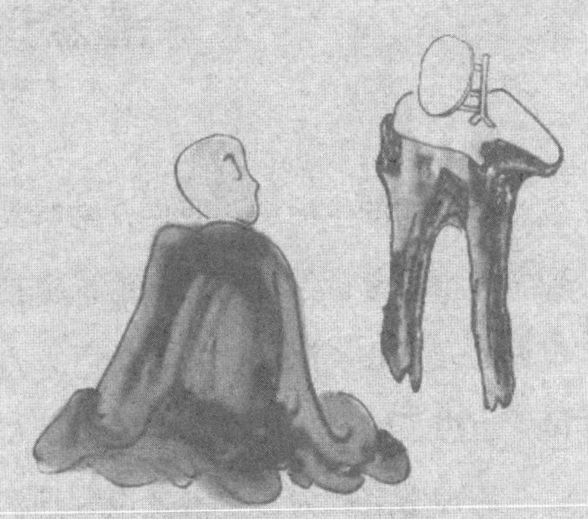

在我们人类的思维中，有些是能被人们察觉和认识的，有些是不被人们认识到的，前者是心理学上的显意识，而后者则是潜意识，也可以说是直觉的部分。显意识负责的是理性的、分析的部分，直接的、主观上的则是潜意识或者直觉。其实，从我们来到这个世界的第一天起，潜意识的力量就已经属于我们了。了解心灵的工作原理，能让我们对人类的思维进行更透彻的了解和分析，了解潜意识和显意识交互作用的原理，进而通过改变我们的内在部分来改变现状，从而重塑新的人生。

潜意识从何而来

在我们的生活中，我们常常听到一个心理学名词——“潜意识”。这是心理学和精神分析学范畴的词汇，精神分析学派的学者认为，潜意识是我们无法看见的人类心灵深处蕴藏着的巨大力量。同样，对于我们日常生活中的人们来说，也想了解到底什么是潜意识，人类的潜意识又是从何而来的。

心理学家认为，“潜意识”是指人类心理活动中不能认知或没有认知到的部分，是人们“已经发生但并未达到意识状态的心理活动过程”。弗洛伊德又将潜意识分为前意识和无意识两个部分，有的又译为前意识和潜意识。

西格蒙德·弗洛伊德所谈的潜意识，是一种与理性相对立存在的本能，是人类固有的一种动力。

弗洛伊德称，人类有一种本能，也就是追求满足的、享受的、幸福的生活的潜意识。这种潜意识虽然看不见摸不着，却一直在不知不觉中控制着人类的言语行动。在适当的条件下，这种潜意识可以升华成为人类文明的原始动力。

所以，潜意识是无法被我们察觉的，但是它确实随时随地影响我们的行为和生活，比如，我们如何看待自己的行为，我们所作出的任何一个抉择。所以，潜意识所完成的工作是人类生存和进化过程中不可或缺的一部分。

在我们的思想构成部分中，除了潜意识外，还有意识，但是潜意识的力量比意识大3万倍。那么，潜意识从何而来的？

心理学家称大致有三个来源。

第一个来源是先天的潜意识部分，一些人为认为是前世因素，一些人认为来自于基因，不过，此处，这一部分我们暂不讨论。

第二个来源是“潜移默化”或“熏陶”。也就是说，在我们的日常工作、学习和生活以及人际交往中，我们都会接触到很多人和事，这些人和事都会进入到我们的心里，成为我们的潜意识的一部分，在暗中起着作用。

第三个来源是，在我们的显意识中，随着时间的推移，一些内容逐步沉淀下来，然后进入到我们的潜意识中。比如，我们的一些习惯和信念等，我们常说的“习惯成自然”，讲的大概也就是这个道理。

其实，自打我们来到这个世界，潜意识便开始形成，比如，父母的教育思想、对我们的期望、家庭环境的熏陶、学校的教育，我们在不断成长的过程中获得的阅历以及逐步在我们的头脑中形成的观念与思想，还有一些积极的想法，或者负面的情感等，无论是好的还是坏的，都会在我们的潜意识里住进存储起来，形成丰富的内心世界和灵魂。它是我们形成新的思想、心态、智慧取之不尽、用之不竭的素材和信息源泉。

心理学家称，人的潜能是被深藏于潜意识之下的，所以，人要激发潜能，可以从潜意识入手。

潜意识包罗万象，深厚神奇，那么如何来训练开发和利用它呢？以下几点可供探索参考：

1. 学会训练和开发潜意识中的超强记忆功能

我们从出生开始的所见所闻，都会被我们的潜意识储存起来，这些事物包罗万象，有好坏之分，而潜意识却不分好坏，统统“记录在册”。

为了提高你的潜意识的储存效率，你还可以借用一些辅助手段，如重要资料重复输入，重复学习，增加记忆功能，建立看得见的信息资料库——分类保存图书、剪报、笔记、日记、移动存储设备等，以便协助潜意识为我们的创造性思维和其他聪明才智服务。

2. 训练对潜意识的控制能力，使得它帮助我们走向成功，而不是走向失败

潜意识并没有辨别是非的能力，所以，无论是积极的还是消极的内容，都会被吸收，常常跳过意识而直接支配人的行为，或直接形成人的各种心态。所以，成也潜意识，败也潜意识。

因此，我们要训练自己，努力开发利用有益的积极成功的潜意识，对可能导致失败消极的潜意识加以严格的控制。

具体地说，珍惜原来潜意识中的积极因素，并不断输入新的有利于积极成功的信息资料，使积极成功心态占据统治地位，成为最具优势的潜意识，甚至成为支配我们行为的直觉习惯和超感。

3. 潜意识具有自动思维创造的智慧功能，我们可据此获得创造性灵感

我们可能有这样的经历，有时候，我们为某件事苦思冥想，却想不出一个结果，然而却在梦中或者散步等情况下灵光乍现，所以，我们可以随身携带纸笔，将那些随时出现的灵感记录下来。

电影大王邵逸夫，经常在思考各种问题的同时，在任何地方，都备有一本记事簿，一旦灵感从潜意识中涌现，便立刻记下来。这使邵逸夫成就了辉煌的事业。

4. 心念目标，不断地想像、不断地自我确认、不断地自我暗示

如果你也想和别人一样获得成功，就不断地、反复地暗示自己：我会成功，我会成功，我一定会成功；假设你想获得财富，你就告诉自己，我很有钱，我很有钱，我一定会很有钱；假设你想要让自己的业绩提升，就告诉自己，我的业绩不断地提升，不断地提升，我的业绩一定会不断地提升。

按照这样的自我暗示的方法，不断地练习，你的潜意识就会获得指令，你的行为和思想也就会接受潜意识的指令，然后执行这样的指令，最终助你达成目标。

直觉的发源地在哪

相信在我们的生活中，不少人都曾说过这样的话：“直觉告诉我……”言下之意是，我们有时会接受某种不受逻辑思维约束的思维方式而直接进行决策，我们不能否认逻辑思维在很多情况下的正确性，但直觉也常给我们正确的指引。

那么，什么是直觉呢？心理学家给出的定义是：直觉是指对一个问题未经逐步分析，仅依据内因的感知迅速地对问题答案作出判断、猜想、设想，或者在对疑难百思不得其解之时，突然对问题有“灵感”和“顿悟”，甚至对未来事物的结果有“预感”“预言”等，这些都是直觉思维。

那么，直觉的发源地又在哪呢？

心理学家称，直觉来源于人的大脑，而直觉出现时，一般是大脑思维状态最好的时候，形成大脑皮层的优势兴奋中心，使出现的种种自然联想顺利而迅速地接通。我们在一些文章中看到的关于直觉的描述是，具备某些信息片段，不用费力思考而出现的一些想法、感觉、信念或者偏好。它可以帮助人们进行快速决策，是人们潜能开发的一种重要领域。

直觉思维具有迅捷性、直接性、本能意识等特征。心理学上的直觉有广义和狭义两种理解。

广义上的直觉是指包括直接的认知、情感和意志活动在内的一种心理现象，也就是说，它不仅是一个认知过程、认知方式，还是一种情感和意志的活动。

狭义上的直觉或直觉思维，就是人脑对于突然出现在面前的事物、新现象、新问题及其关系的一种迅速识别、敏锐而深入洞察，直接的本质理解和综合的整体判断。简言之，直觉就是直接的觉察。

直觉思维是一种心理现象，它不仅在创造性思维活动的关键阶段起着极为重要的作用，还是人生命活动、延缓衰老的重要保证。直觉思维是完全可以有意识加以训练和培养的。

直觉作为一种心理现象贯穿于日常生活之中，也贯穿于科学研究之中。

数学家阿普顿曾在爱迪生研究所工作过，刚到那里的时候，爱迪生想要考考他的思维能力。

爱迪生交给他一个电灯泡，这只灯泡是试验用的，爱迪生告诉他，希望他能算出这只灯泡的容积。阿普顿于是开始了他的计算过程，就这样过了一个小时了，爱迪生走过来，居然发现阿普顿还在计算，爱迪生对他说:“如果是我，就把这只灯泡灌满水，然后再把水倒出来，倒进量杯里，很快就能知道灯泡的容积了。”

从这个小故事里，我们看出，虽然阿普顿是著名的数学家，他的计算能力是毋庸置疑的，但是在这个问题上，他却少了如爱迪生那样的直觉思维能力。

居里夫人曾经在研究铀这种元素的过程中，发现铀是放射性元素，而她凭借直觉感到，除了铀以外，应该还有别的物质也有这一特性。

想到就做，此时，她立即放下对铀的研究，决定对其他所有已知的化学物质进行排查，不久，她发现，另外一种物质——钍也能自发发出射线，与铀射线相似。

居里夫人对自己的这一发现着了迷，不过，她发现，只有铀和钍有放射性，她将物质的这种特性叫作放射性，具备这一特性的元素就叫放射性元素。

接下来，她又开始测量矿物的放射性，突然她在一种不含铀和钍的矿物中测量到了新的放射性，而且这种放射性比铀和钍的放射性要强得多。凭直觉，她大胆地假定：这些矿物中一定含有一种放射性物质，它是今日还不知道的一种化学元素。

有一天，她用一种勉强克制着的激动的声音对布罗妮雅说：“你知道，我不能解释的那种辐射，是由一种未知的化学元素产生的……这种元素一定存在，只要去找出来就行了！我确信它存在！我对一些物理学家谈到过，他们都以为是试验的错误，并且劝我们谨慎。但是我深信我没有弄错。”

在这种信念的驱使下，居里夫人终于和她丈夫一起发现了新的放射性元素：钋和镭。居里夫人还以她出色的工作，两次荣获诺贝尔奖。

美籍华裔物理学家丁肇中在谈到“J”粒子的发现时写道：“1972年，我有种强烈的感觉，我认为很有可能存在很多有光的而又比较重的粒子，然而实际理论上并没有预言这些粒子的存在。我直观上感到没有理由认为这种较重的发光的粒子（简称重光子）也一定比质子轻。”

这里，丁肇中说的“感觉”就是直觉。正是在这种直觉的驱使下，丁肇中决定研究重光子，终于发现了“J”粒子，并因此而获得诺贝尔物理学奖。

可见，直觉在创造活动中有着非常积极的作用。其功能体现在下面两个方面：

1. 帮助人们迅速作出优化选择

要想创造，就会遇到问题，也就是要解决问题，在解决问题的过程中，往往会出现很多抉择，而如何作出最优抉择，是我们最关心的。为此，法国数学家庞卡莱说：“所谓发明，实际上就是鉴别，简单说来，也就是抉择。”那么，怎样从多种可能中作出优化的抉择呢？

经验表明，在创造性活动中，起到作用的，往往不是那些按照逻辑思维来进行的推理，很多时候人们必须依靠直觉。不过，似乎越是知识渊博和经验丰富的人，越是能获得直觉的垂青。他们更容易在艰难的抉择中找到最优答案。

2. 帮助人们作出创造性的预见

17世纪法国著名哲学家笛卡尔认为：直觉可以是直觉推理的起点。亚里士多德干脆说：“直觉就是科学知识的创始性根源”。英国物理学家卢瑟福在其非凡的直觉的帮助下，在原子物理学和原子核物理学方面作出了一系列重大的开创性贡献。

直觉是心灵深处的宝藏

生活中，不少人常把“直觉”这一词语挂在嘴边，一直以来，人们也能真实地感受到直觉的存在和对自己行为的影响，却又难以用言语来表述清楚。其实很简单，比方说，当你见到某个人时，你立即就能看到他的体貌特征，也就是高矮，胖瘦，美丑，等，这种“看”，就是感觉；再比如，两个动物，猫和狗，你无须思考，就能清晰地分辨它们，这也是直觉思维；还有，你能驾轻就熟地就哼起童年的一首歌，这都是无须经过严谨的逻辑思维就能得到的。这就是直觉思维。

直觉思维也称非逻辑思维，它是一种没有完整的分析过程与逻辑程序，依靠灵感或顿悟迅速理解并作出判断和结论的思维。这是一种直接的领悟性的思维，具有直接性、敏捷性、简缩性、跳跃性等特点，可以认为它是逻辑思维的凝聚或简缩。简言之，直觉就是一种人类的本能知觉之一。

其实，在我们的生活中，我们也经常被直觉思维指引，并且是很明确的指引，比如：谁值得信任，什么东西不能吃，甚至当你被复杂的学术理论纠缠得头昏脑涨时，直觉感应也可能让你恍然大悟。

爱因斯坦曾说：“真正可贵的因素是直觉。”因为一直以来，直觉都是我们心灵深处被深藏的宝藏，只要我们懂得挖掘直觉的能量，就能为我们所用，实现惊人的创造性活动。

伊恩·斯图加特说：“直觉是真正的数学家赖以生存的东西”，许多重大的发现都是基于直觉。

欧几里得几何学的五个公设都是基于直觉，由此建立起欧几里得几何学这栋辉煌的大厦。

物理学上的“阿基米德定律”的由来就是：当时，阿基米德走进浴室，他发现，原来浴缸中漫出来的水的体积正好和自己的身体的体积差不多，在这一发现的指引下，他通过研究发现了著名的阿基米德定律。

一次，达尔文发现，似乎所有的植物幼苗的顶端都会朝向太阳，甚至会出现弯曲的现象，他猜想，这可能是因为幼苗顶端中含有某种物质。虽然他在有生之年没有解开这一谜底的答案，但是后来，经过很多科学家的反复研究，终于发现，在植物幼苗的顶端都含有某种生长素。

希腊的著名数学家毕达哥拉斯于某天在街上发现，铁匠铺子的铁匠在用锤子敲打长短不同的铁棒时，所发出的声响是完全不同的，也就是完全不同的高低音。从此，他发现，弦振动的频率与音调的高低之间存在很大的关系。

古今中外，任何一位成就卓越的伟人，他们身上都有着超凡的直觉。可以说，直觉甚至影响到了整个人类历史发展的历程，指引着人类不断往前发展，不断进步。

虽然直觉是直接的、无法言传的预感，但是并不代表它是不可获得和锻炼的，为了提升你的直觉思维能力，你可以从以下几个方面着手和努力：

1. 积累充足的知识和丰富的生活经验

直觉不会无缘无故地产生，这就好比我们之前说的，直觉更钟情于那些知识和经验丰富的人，所以，要想获得较高的直觉思维能力，我们就有必要获取广博的知识和丰富的生活经验。

2. 学会倾听直觉的声音

直觉思维最侧重的部分是直接的感觉，但也不是感性认识，所以，对于人们平日里说的“跟着感觉走”，其中，我们在去除了表面的部分以外，剩下的部分应该就是直觉了。

直觉出现时，你是需要用心领悟和体会的，但是也万万不可迟疑，而是要顺其自然地接受，然后果断地进行抉择和判断。

3. 努力培养出敏锐的观察力和洞察力

自古以来，任何一个有创造性的科学家，无不是从简单的日常生活现象中观察到了普遍的规律，然后进行发明创造工作。的确，洞察力一直都是直觉最突出的特点，越是洞察力强的人，直觉思维能力就越强。为此，我们有必要有意识地培养自己的观察力，尤其是那些被人们忽略的部分。

4. 真诚、客观地对待直觉

直觉虽然是借助于人们已有的知识水平和生活经验等，但是直觉的产生，也是常常被人们的情绪所左右的，比如，当人们处于猜忌、埋怨、愤怒等困扰中时，直觉的判断就有可能失去客观性。

因此，我们要真诚地对待直觉，产生直觉的过程中要尽量排除各种影响和干扰，出现直觉以后，还要回过头来冷静地分析其客观性。

潜意识与显意识的区别

我们都知道，在人的心理结构中，一部分是能被察觉到的，一部分是人们察觉不到的，前者就是显意识的部分，而后者则是潜意识的部分。

在我们的行为活动中，我们会知道为什么要做某件事，能够清楚地意识到自己内心的活动，这就是显意识的内容。而我们在做很多事的时候，并不清楚我们脑中发生的意识活动。在这种情况下，在脑中起作用的就是潜意识，比如，价值观，几乎我们每个人在做某件事或者进行某个抉择的时候，都会受到藏于脑中的价值观的影响，但是我们并未意识到它的存在，因为价值观在很多情况下是以潜意识方式存在的。除了价值观以外，还有人生观和世界观，许多情况下，它们或者它们的一部分是作为潜意识而存在，并起作用的。

当然，一些专业人士还分出其他的部分，但对于我们来说，我们不需要分析那么复杂的理论现象，只需要了解潜意识和显意识的问题。

所以，我们可以说，在我们的意识中，“讲道理”的部分是显意识的，是理性的，是按照理性思维方式去思考问题的，而潜意识的部分则是非理性的。所以，我们的思维在面对一些理性“事件”的时候，起作用的就是人的显意识，比如我们在课堂上上课。这些理性的“事件”一般不会影响到我们的潜意识。

那么，我们的潜意识会被哪些东西影响呢？是那些暗示性的、感性的刺激，尤其是当我们的显意识放松，不会对这些刺激产生作用的时候。比如，很多商业广告都是这样对我们产生作用的。

那么，显意识和潜意识到底有什么区别呢？

1. 从是否可以推理上看

显意识是能进行推理，并且能作出选择的。

比如，你可以对很多事进行选择，你可以选择专业、伴侣、住房、工作等；而潜意识则是不受控制的，例如，心脏的跳动，消化系统的运作，血液的循环，呼吸等，都是潜意识的作用。

所以，我们说，潜意识无法推理，也不同你的意识进行争论。

举个形象的例子，我们的潜意识就好比孕育种子的土壤，而显意识就是种子。负面的、消极的、坏的思想就只能长出消极的、毁灭性的种子。

潜意识并不能分辨真假和善恶，如果你告诉它某件事是真的，潜意识就会认为它是真的，但实际上未必如此。

心理学家做过大量的试验，表明一点，人处于催眠状态时，对于所有的指示和暗示，人的潜意识都会接受，即便是错误的，而且，只要接受就会作出反应。

当人进入催眠状态后，哪怕催眠师暗示他是猫或者狗，暗示他是另外的某个人，他都会接受。

曾经有一个很熟练的催眠医师，在受试者进入休眠状态后，分别告诉他们：你的背要发痒，你的鼻子流血了，你现在成了一座塑像，你现在被冻起来了，现在的温度是零下等，之后，每个受试者所作出的反应均与他暗示的内容有关。

2. 从主、客观心理来看

潜意识是非人格化的，是没有选择的，是什么都接受的。因此，我们对想法和前提的选择是极为重要的，这都是有意识地选择的部分。我们只有作出正确的抉择，才能让内心充满快乐。

显意识是客观心理部分，是我们通过观察、感受和推理、分析获得的认识。客观心理最擅长的部分就是推理。

假如你经常到上海旅游，大概每次你到上海之后，都会有这样的感慨：上海是现代化的大都市，到处是高楼大厦、美丽的花园、时尚的街区……这都是客观心理工作的结果。

潜意识常被人称作主观心理。主观心理不擅长推理，而是通过自己的主观来观察的，是通过直觉获得的。记忆的存储仓库是它产生感情的地方，当你的五官功能不怎么活跃的时候，也就是它的功能最为活跃的时候。很简单的道理，也就是说，主客观心理的智慧是此起彼伏的，不同时间活跃的。

相对来说，主观心理观察事物不需要使用视觉官能，它有超人的视力和超人的听力。你的主观心理可以离开你的身体，漂离到遥远的地方，给你带回来的信息往往很真实，很准确。

通过主观心理，你能看透他人心里的话，可以阅读别人未拆开的信，还有保险箱里的东西，你无须和别人进行深层次的交流，就能理解对方，

你的潜意识就像一个只会执行命令的机器人，你给它的指示，它会全盘接受，即便是错误的。在过去，你所经历过的所有事都会被存储起来，形成你的想法、信仰、观念，并影响你。

如果现在你认识到自己传达的是错误的想法和观念，那么，你就要需要不断自我暗示，将它改过来。这些暗示必须是积极的、正面的、和谐的和建设性

的，这样，你的潜意识就会重新接受新的思维习惯，然后储存起来。

你的意识所进行的习惯性思维在潜意识中留下了深深的“槽沟”。如果你想的都是些健康的、有意义的东西，这对你是很有好处的。

如果现在的你正处于恐惧之中，那么你就总是担心会发生一些灾难性事件。其实你想要改变并不难，你完全可以通过你的潜意识来改变，你可以向它指示，让它接受你本来想要的自由、幸福和健康的想法，很快你就会有自由、幸福和健康的感受。

潜意识的工作原理

在前面，我们已经提及和分析过，潜意识这一心理学术语是由心理学家弗洛伊德提出来的，他认为，潜意识是一股存在于我们人类意识底下的神秘的力量，虽然它一直存在，却一直未被我们认识和探究过。

其实，潜意识并没有人们想象得那么神秘，它也一直有着自己的工作原理。我们先来举个形象的例子。我们都知道，在化学领域，有一个众所周知的知识：当我们把两个氢原子和一个氧原子结合在一起的时候，它们就会生成一个水分子。一个碳原子和一个氧原子结合在一起，就会生成一个有毒的一氧化碳分子；如果再加上一个氧原子，又会生成二氧化碳分子，这并不是偶然发生的现象，而是化学界的普遍规律。其实，潜意识对于我们人类的作用，也好像这些化学原理般。潜意识也一直按照自己的工作原理进行工作。

不少心理学家一致认为，一直以来，我们在有生以来所得到的最好的生存信息，都藏在了潜意识里，而只要你懂得挖掘，那就没有你实现不了的愿望和达不到的目标，只要你深谙它的工作原理，并懂得如何与它建立默契的合作关系。

我们要做的第一步就是要认识潜意识。为此，我们需要首先了解潜意识的工作原理：

1. 工作原理之一：观念多次重复，就会接受

潜意识是不会分析对错的，对于我们给出的指令，它会照单全收。所以，在潜意识里，“哪怕是谎言，说了一千遍，就会成为它的真理。”所以，很多人在购物时都会接受那些商业广告的暗示，他们会不自觉地选择那些打了很多次广告的商品，即便这些产品有可能是假冒伪劣的，他们也会购买，因为他的大脑里会有这样的声音：“没事的，这么知名的品牌，不会有问题，不买才是错误的呢。”

所以，我们的观念存储起来形成的潜意识并不一定是符合事实和真理的；不过同时，我们也会看到，潜意识接受观念和信息，是需要进行很多次的重复和确认的，在此之后，它的工作才会开始。

当然，我们的行为也不是完全被潜意识控制的，毕竟，我们还有显意识，显意识和潜意识之间是存在沟通和联系的。但每个人显意识控制潜意识的能力如何是不相等同的。并且，一个人之所以会形成某种观念，都是内因通过外因起作用的，任何一个人，都不会被强迫地接受某种观念，只是这需要一个过程，到最后，他们都会自动接收，认为这一观念毋庸置疑。

当然，内在因素方面，还是要看每个人不同的素质、心理状态和智力的，比如，面对事业失败、婚姻不合、人际关系不顺等，一些人会认为自己的生活一团糟，觉得人生毫无意义，人生渺茫。被负面心理包围后，他的世界都是消极的因素，他认为自己已经找不到让自己快乐和存在的理由了，并且，他还认为自己是正确的，所以，最终他选择结束自己的生命。

这里，到底是他的失败杀了他，还是他的潜意识让他走向了死亡？

面对上述的失败情况，也有一些人的态度完全不同，他告诉自己：还有人比我更坚强吗？我的生活遇到了那么多困难，但至今，我还坚强地生活着，并

且，既然我连死都不怕，还有什么可怕的呢？我一定还能找到翻身的机会，只要我有勇气，只要我敢于卷土重来。他相信自己，所以他不但没有灰心丧气，反而精神抖擞，于是，他从办公室走出来，然后微笑着离开公司，回了家，好好洗洗了个澡，然后美美地睡了一觉，决定一切从新开始。

所以，潜意识工作后出现的积极的或者是消极的后果，最终的决定权其实是在我们自己手中的，我们的内在因素推动了潜意识，比如，我们的心态是乐观的或者是消极的，我们在某个瞬间的抉择，以及我们已经养成的某种习惯等。所以，我们常说环境让人产生了变化，其实关键在于我们内心对外在环境是否是认同的，进而影响了接下来我们选择怎样的态度来对待自己遇到的种种际遇。

2. 原理之二：信仰的一切最终都会实现

事实上，那些成功者，起点通常都很低，但是最终他们成功了，而那些有着成功条件的人，最后却泯然于众，这是为什么呢？

这里，从潜意识的角度分析，我们需要明白，只要你的潜意识接收了你的指令，你马上就会看到它变为现实。假如你是个有信仰、有梦想的人，并决定将自己的计划执行到底，那么，最终它一定会实现。

问题的关键在于，潜意识并不能明辨是非，并不懂得分析，而是会毫不犹豫地照单全收，所以，如果你传达给它的是积极正面的信息，它就会为你带来成功、富有和阳光。而反过来，你得到的就是痛苦、失败和黑暗。

所以，你一定要相信自己，尽管你现在很艰难，但你一定能渡过这段时期，因为你有信仰，你要相信自己会在半年后找到一份体面的工作，你要相信你手头的生意一定会有转机；反过来，你如果认为自己现在的情况糟透了，你不愿意专心于手头的工作，你不愿意交朋友，与同学聚会，你白天没精力、晚上失眠，久而久之，你患上了严重的抑郁症，最后，你逐渐变得平庸，没有了当初的激情。

所以，对于潜意识而言，我们的心灵才是真正的操控者，只要我们向意识下达强烈的观念，它就会立刻开始实践。而这就是它的工作原理，是不会受到外界因素的太多干扰的。

每个人的行为都是潜意识的产物

前面，我们已经分析过潜意识的工作原理，并已经了解到，潜意识是没有任何的辨别和分析能力的，它只会接受我们给出的指令，但最终执行命令的，还是我们的潜意识，从而有了我们种种的行为，因此，我们可以说，每个人的行为都是潜意识的产物。

其实，不管我们有没有意识到，潜意识是始终在控制着我们的。的确，当一个人处于正常的状态中时，比较难以窥见潜意识的运作，而此时，梦就是我们观察潜意识活动最为直接的管道。那些被催眠的人会完全接受催眠医师的指令，就是这个道理。

而在那些罹患精神疾病者身上，潜意识的运作就会非常明显，比如，他们常常被那些无以名状的恐惧、无法解释的焦虑和超越常理的欲望所折磨，在他们身上，理性的意识所呈现的理想很微薄，潜意识似乎掌控了他们的所有。

潜意识没有辨别分析能力，这并不是说潜意识带来的都是负面作用，只不过在病人身上，我们有较容易的观察而已。其实，潜意识的力量是强大的、神奇的，更是可以学习的，而一个人的知识储存量和经验的多少，是与其潜意识力量成正比的。因为在命令的主导下，潜意识会调动无穷的生命潜力和圆满的智慧，运用我们过去学习到的全部知识和智慧，去帮助我们实现目标。

我们都知道，1845年，德国化学家霍夫曼发现了苯，在此之后，不少化学家都夜以继日地工作，希望能破解出这一物质的分子结构。在当时，不少化学家都开始怀疑这一环状的分子结构是不是真的存在，然而最后，他们都放弃了。

而到了1865年的夏天，当时有一位叫库凯里的化学家，他已经潜心研究多年却不肯放弃，一天晚上，他在火炉边打盹儿，然后慢慢进入了梦乡。接下来，不可思议的事发生了，他居然在梦里看到了一大堆的原子排成了长长的链，然后在自己的面前跳舞、扭动，正当他看得入神时，他再仔细看看，却发现，原来是一条蛇咬住自己的尾巴，而且得意扬扬地在他面前猛烈旋转！

库凯里立刻从梦中惊醒，他意识到，之所以前人总是碰壁，是因为他们一直认为苯的分子结构是开放式的，而实际上却是封闭式的，正是这一伟大的发现，奠定了他在化学界的地位，也让他的人生进入了新的里程碑。

在那个库凯里看见蛇咬尾巴的梦境中，库凯里领悟到苯的环状结构式，其实，这就是潜意识给他的暗示，只不过，这里，他接通的是自己的高层潜意识。

提到高层潜意识，就有低层潜意识和中层潜意识。

1. 低层潜意识是本能、冲动、驱力、生理机械反应的世界

人体的生理机能是不需要人的意识来参与的，比如，肺部会呼吸，肠胃自己会消化，心脏自己会跳动，脑下垂体自己监管各种荷尔蒙的分泌，免疫系统自动防御入侵体内的细菌、病毒，这一切都由低层潜意识包办了。

2. 中层潜意识

精神分析学派将中层潜意识称为“前意识”，是指在平时没有被我们存储起来的材料，而一旦我们的思维参与，进行了思考和回忆，是能被顺利找出来的，这些材料就是位于中层潜意识。例如，“你的行动电话号码是？”“你高一时的班主任叫什么名字？”这些问题还没提出之前，资料并不在你的意识，而是储存在中层潜意识。意识和中层潜意识之间并没有鸿沟，很容易藉着反省而引入意识层次，有时一个反问就足够了。凡是埋藏在中层潜意识的，就很难发觉，这是心理治疗者最大的挑战。

3. 高层潜意识

对于作家而言，当灵感出现的时候，他们完全能奋笔疾书，佳句连篇，字字珠玑，事后，连自己都很惊讶："我怎么能写得这么好？简直如有神助。"这时，我们可以说，在那当下他接通了高层潜意识，达到平常状态下不能臻至的境地。

人在催眠状态中，一旦接通了高层潜意识，就会产生很多奇妙的现象，以及令人惊叹的治疗效果。除此之外，无论是科学实验还是艺术创作等活动，都与这一点有关。

马斯洛说："人格中早就存有'高级电路'，就像低层潜意识一样，操纵了我们的喜怒哀乐。高峰经验、创造能力、美学观点以及灵性修持，都是这些高层能力的表现，它是实现比我们内显的完善境界的自然趋向。"

无论如何，潜意识都在勤奋地为我们工作着，并与我们的人生紧密相关，成为灵魂的主人，直到你死去。成功和失败，如意和失落，都是由它左右，心灵的每个角落，也都是由它替我们打扫。

第02章

从潜意识和直觉激发潜能：让自己更强大

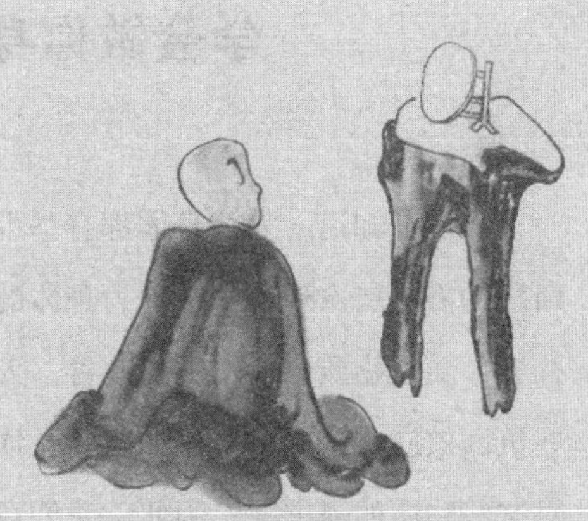

精神分析学派创始人西格蒙德·弗洛伊德在其著作《精神分析引论》曾说：“潜意识是人类原本具备却忘了使用的能力。”现代社会，我们将这种能力称之为“潜力”，也就是存在却未被开发并加以利用的能力。总之，每一个渴望成功的人都应该认识到，成功的种子就在你的潜意识里，只要认识到这一点，你就能变得强大，就能成为一个有能力的人，获得想要得到的东西。

学会做你身体的精神领袖

我们都知道，人的身体都有基本的生存的需要，比如，衣食住行，这在马斯洛的需求层次理论中被称为身体的基本需求，也是第一层需求。然而，现代社会，随着物质生活水平的改善，人们对这一需求有了更高的要求，于是，一些负面效应也产生了，比如肥胖、饮食无度等。那么，该怎样控制自己的身体对这些物质的需求呢？为此，我们可以从挖掘人的潜意识方面入手，因为潜意识在经过反复强调和暗示的情况下，能影响和改变人的行为。因此，不少健康专家、心理医生也包括一些人自身也运用这一方法来介入自己的意志力对抗活动，他们强烈地希望自己能做身体的精神领袖。

卡娜是个典型的女强人，从大学毕业到现在已经有八年时间，在这八年时间内，她为公司带来很多利润，如今的她已经是这家公司的副总了，但令她烦恼的是，和她的工作成绩一样，她的体重也是“蒸蒸日上”。这主要是因为她的饮食习惯导致的。

在曾经的几年时间内，她最大的爱好就是在办公室的抽屉里放上巧克力，她每隔半小时就得吃一块，甚至一次吃上五六块，她很喜欢巧克力在嘴里融化的感觉。只要能吃上一口巧克力，她即使再累，也会立即有了精神。

但如今的卡娜却不知如何是好，她知道问题出现在这里，可怎么才能解决呢？

卡娜是个很有意志力的女人，她曾在上学时就在半个月内把成绩从全班第十名提升到全年级第三；她曾经为了在校运动会上拿到八百米赛跑的第一名每天早上五点起来锻炼；曾经在和一个客户打交道的过程中，她被客户拒绝了十几次却依然没有放弃……想到这些，卡娜告诉自己，难道区区几块巧克力能打倒自己？

那么，该怎样做才能减肥成功呢？在朋友的推荐下，她找到了催眠师路易斯。路易斯已经帮助不少女性成功减肥。

将卡娜引入催眠状态后，路易斯对她进行暗示：

“卡娜小姐，你是一个有坚强意志力的女性，你深知零食尤其是甜食的危害，那些甜食只会让你发胖，让你胖下去，衣橱里那些性感的衣服在向你招手，你却穿不上。其实甜食很难吃，太腻了，你闻到都想吐，你喜欢新鲜的蔬菜和水果的味道，空气里都是清新的味道，它们看起来色泽那么诱人……”路易斯注意到卡娜的眼角露出一丝微笑。

然后，路易斯继续暗示：“你吃完早饭，该去健身房了，现在，你想象一下，你在跑步机上，你的身体在前进，你挥洒着汗水，你的身材苗条极了，看，周围有好几个男士都用余光看你……”

“现在你全身没有一块多余的赘肉，你穿上了男朋友送给你的新裙子，太美了，那可是小号的衣服，你太喜欢自己苗条的样子了。”

路易斯在第一次的催眠过程后，就让卡娜成功减掉了五斤。因为从催眠室回去后的卡娜就从自己的抽屉里撤掉了这些巧克力，把它们分给了办公室的那些下属们，不过，要想让卡娜的体重不反弹，路易斯知道要坚持让她来做催眠。

“卡娜，你要坚持运动，你要看到身材纤瘦的自己，你要穿最小号的衣服，坚持了这么久的运功，你的皮肤更细滑了。运动也让你的心情更好了，你每天脸上都挂满微笑……”

后来，卡娜又陆续接受了路易斯的五次催眠治疗，一个月后，卡娜发现，自己完全能控制住自己对巧克力的欲望了。她甚至能弯下腰去闻下属桌上巧克力的香味而不去吃。

卡娜的很多姐妹都感到诧异，她们依然拿着自己心爱的奶昔、薯条，慨叹为什么自己意志力如此薄弱。相比之下，卡娜当然知道其中的原因，因为催眠治疗法也无法想象自己竟有这么坚强的意志。不过无论什么原因，她做到了，现在，她又看到了自己昔日苗条的身材，现在的她也更有自信了。

案例中的卡娜是因为接受了催眠疗法而逐渐养成坚持运动的习惯，并且成为一个对甜食有自控能力的人，做到了这两点后，最终她成功减肥了。

其实，我们任何一个人，都能通过潜意识的力量来控制自己的身体，来锻炼自己身体的意志力。不少人在这一过程中都感到困难，而自我暗示就能帮你逐渐获得这一自制力。

我们还是以饮食控制为例，简单地说，你可以建立一个习惯，一旦你想要进食时，你可以安静下来，然后引导自己，你可以想象一下你处于理想体重状态下的美妙样子，那时候的你应该是身材苗条的、有活力的、健康的、身轻如燕的。只要你能减肥成功，你就能好好地利用自己的天赋和才能，你可以背上行囊去游历祖国的大好河山而不会累得气喘吁吁。

当然，如果你发现那些甜点和高脂肪食品正在向你招手，那么，你要作积极地想象而不是消极的，你不要想你有可能经不住这些食物的引诱，而应该想想避开这种诱惑的方法。

你可以想象的是，此时的你身体健康、肠胃健康，你坐直了身体，然后对这些食品微笑着说："不用了，谢谢。我已经吃饱了。"

当然，在你处于清醒的状态下时，你还应想的是，一个连自己体重都控制不了的人还能做什么大事呢？如果你能减肥成功，你希望给你的生活作出哪些调整呢？你希望实现怎样的事业？你又将会对其他的人和周围的世界作出怎样的贡献？试试把自己的这些想法写下来，即使它可能只有短短的一段话。把自己的想象变成文字可能会有助于你继续努力前进。想象成功往往是实现成功的第一步！

人生的“金矿”藏在潜意识背后

我们都知道，在人类的思维结构中，潜意识是不被人们所察觉的部分，但其实潜意识就如同一个暗房一样，你的行为以及你的生活状态，其实都是从这个地方冲洗出来的。所以，今天的你也是潜意识塑造出来的。

也许你会产生疑问，为何你是这样的，而不是那样的？也许你对现状不满意，但其实这都是潜意识的手笔，如果你想改变，就要挖掘出藏在潜意识背后的自己的能量“金矿”。其实，人的潜意识本身就是个大熔炉，从我们出生、来到这个世界开始，我们就在不断地接受外界传达给我们的信息，无论是好的还是坏的。我们从父母那里接受熏陶，从学校接受教育，逐渐地，我们有了自己的价值观、想法、观念或者才华、技术等，而能让我们成长和成才的资源也在其中。所以，我们可以说，如果我们想让自己变得更强大，或者希望获得成就的话，也要从潜意识中挖掘。

然而，对于很多人来说，他们一生都不曾了解自己的潜意识，一直以来，他们都被错误的观念所控制着，所以，他们一直生活在困顿之中。事实上，积极地利用和改变自己的潜意识，是能改变我们的一生的。

所以，我们每个人，要改变自己，就要让积极的意识控制你，成为你生活的支柱，这样你才能获得幸福生活和成功人生。

约翰是名保险推销员，除了工作，他最喜欢拿着猎枪和渔竿到森林里去。

一次，他突然想：我为什么不可以尝试在这些地方推销保险？这地方虽然荒凉，但沿着阿拉斯加铁路那几百公里的线路上，仍有不少铁路工人家庭定居。没有哪个保险推销员愿意来这里展开业务，虽然这想法有些大胆，但约翰想到做到，他立即着手制订计划，作好一切准备。此后，约翰一直往返于铁路沿线，向那些铁路推销保险单，同时，他也像往常一样走遍大山，钓鱼、打猎。人们很喜欢他，亲切地称呼他“徒步约翰”。一年过去了，约翰的业绩竟然超过100万美元。

这个故事告诉每个人，我们只有敢于尝试，有积极的意识，才能产生奋斗的激情，才能去完善、去超越，去增添勇气、创造奇迹。不行动，一切都不会实现。

石油大王洛克菲勒曾经说过这样一句话：“我就是我最大的资本！我唯一的信念就是相信自己！”这句话的含义是，人生在世，只要你相信自己，有坚定的成功的愿望，就能勇敢地去克服、面对，战胜今天、明天残酷的现实，就能最终获得成功。

的确，信念是一种无坚不摧的力量，当你坚信自己能成功时，你必能成功，许多人一事无成，就是因为他们低估了自己的能力，妄自菲薄，以至于缩小了自己的成就。信心能使人产生勇气，成功的契机，是建立在自己的信心和勇气之上，以信心克服所有的障碍。

丁磊自1993年7月大学毕业至1997年5月成立网易公司，在近四年中跳了三次槽，也可以算是比较频繁的了。网易公司在他的带领下取得了一个又一个第一：第一家全中文检索，第一个大容量免费个人主页基地，第一个免费电子贺卡站，第一个网上虚拟社区，第一个网上拍卖平台。同时，刚到30岁的丁磊，其身价也已上升到两亿多美元。

后来，丁磊和徐新在广州一家狭小的办公室里见面。徐新主动问他一些问题：“网易在行业内的情况怎么样？”

“我们会是第一。”丁磊第一句话就毫不犹豫地这么回答。

徐新当然知道网易并不是门户网的第一，但她就是觉得：“他很有上进心，而不是吹牛，是有实质的自信。我觉得企业家有这种精神是很重要的，你必须有这么一个理想跟雄心去做行业排头兵。我投的就是他这个自信。”

有媒体这样评价：“丁磊只用了3年时间就完成了洛克菲勒、卡耐基、福特等人一辈子才完成的原始积累。”丁磊频繁跳槽并取得成功，这是需要很大的决心的，他在机遇面前，敢于作出果断的抉择。正如他自信地说：“我们会是第一。”正是这种自信，造就了今日的网易和今日的丁磊。

生活中的人们，也许你对自己现在的状态并不满意，那么，你首先需要改变的就是自己的意识，自己的内心，这就是所谓的“诚于中，形于外”。我们仔细一想就会发现，改变生活并非难事。因为改变意识也并不难，有了这样的思想认识，也就表明，你已经开始产生了要改变自己的想法，也就开始了一段建立积极人生态度的愉悦之旅。

肯定自我，让自己成为一个屹立不倒的人

心理学家研究认为：“人是唯一能接受暗示的动物。”积极的暗示，会对人的情绪和生理状态产生良好的影响，激发人的内在潜能，发挥人的超常水平，使人进取，催人奋进。而积极的暗示来自于人积极的意识，安东尼·罗宾也曾经说过：“所有人的改变都是在改变潜意识。”所以，潜能大师告诉我们，每个人都要从潜意识里喜欢自己，愉快地接纳和肯定自我，这是一个人培养自信心的重要秘诀。

所以，任何一个强者，他都是自信的，是勇敢的，无论发什么，他都丝毫

不畏惧，相反，他能适应变化，并能把变化当作机会，让变化帮助自己成功。所以，对于任何一个希望变得强大的人来说，都要做到肯定自己，敢于改变自我意识。

在一个矿井里，6名矿工正在井下采煤，突然，一声巨响后，矿井坍塌了，出口完全被堵住了。

这6名矿工顿时不知所措，陷入慌乱之中，但很快，他们平静下来了，他们一言不发，地下工作的经验告诉他们，他们面临的最大问题的是缺乏氧气，井下的空气还能维持3个多小时，最多3个半小时，而且，这是在应对得当的情况下。他们想，因为矿井坍塌，死矿井上方的人应该已经知道了这件事，要想救他们，上面的人就必须重新打眼钻井才能找到他们。但是，在空气用完之前他们能获救吗？所以，这些矿工们决定尽一切努力节省氧气，于是，他们全部躺在地上了，以减少体力消耗。

这3个小时一下子成为这6名矿工一生中最难熬的时间，他们中间，只有一个人佩戴了手表，他也成为了大家的焦点：过了多长时间了？还有多长时间？现在几点了？大家都不停地问他。时间被拉长了，在他们看来，2分钟的时间就像1个小时一样，每听到一次回答，他们就更加感到绝望。

领头的工人突然发现，如果大家都这样焦虑下去，那么，还没等到走出矿井，大家就因为呼吸急促缺氧而丧命了。所以，他要求由戴表的人来掌握时间，每半小时通报一次，其他人一律不许再提问。大家遵守了命令。当第一个半小时过去的时候，这人就说：“过了半小时了。”

戴表的人发现，随着时间慢慢过去，通知大家最后期限的临近也越来越艰难。于是他擅自决定不让大家死得那么痛苦，他在第二个半小时的时候，没有通知大家时间，而是又过了四十五分钟才说过去了半小时，而此时，大家是那么相信他，谁也没有怀疑；这样，又过了1个小时，他还是说：“又是半个小时过去了。”另外5人各自都在心里计算着自己还有多少时间。表针继续走着，每过1小时大家都收到一次时间通报。

外面的人加快了营救工作，他们知道被困矿工所处的位置，他们很难在4个小时之内救出他们。4个半小时到了，最可能发生的情况是找到6名矿工的尸体。但他们发现其中5人还活着，只有一个人窒息而死，他就是那个戴表的人。

这是发生在非洲的一个真实的故事。在人们本能的求生意识被激发的情况下，原本只能维持三个半小时生命的矿工们居然坚持了4个半小时，这就是信心的力量。而那位戴表的矿工在时间逝去的提醒下，丧失了信心，“哀莫大于心死”，他是被内心的恐惧打败了。

看完这则故事，生活中的人们，你是不是有所启发呢？也许生活中，你不会遇到这样的情况，但你必须要明白的是，信心的力量是无穷的。这个世界上不存在做不到的事，只要你相信自己，当你相信自己能做出最好的成绩时，你不仅会发现自信提高，而且会发现自信能有助于你的表现。

心理学家告诉我们，支撑一个人追寻理想的动力往往是自信。自信是成功的助燃剂，一个人自信多一分，成功就多一分。“人生最重要的才能，第一是无所畏惧，第二是无所畏惧，第三还是无所畏惧。”信心能使得人们具备顽强的意志力，并可能会“起死回生”。

然而，要获得自信，就要改变潜意识，就要让积极的潜意识为自己服务。可惜的是，很多人终其一生，都忽略或者很少发挥潜意识的作用，就连爱因斯坦、爱迪生这样的天才人物，一生中也不过运用了他们全部心智的10%左右。

总之，我们任何人都要知道，自信是对自己的高度肯定，是成功的基石，是一种发自内心的强烈信念。一个自信的人常看到事情的光明面，他尊重自己的价值，同时也尊重他人的价值。因为自信是个人毅力的发挥，也是一种能力的表现，更是激发个人潜能的源泉。而自信来源于潜意识，如果你是个不自信、没有勇气的人，那么首先要改变自己的内心，做到肯定自己，让自己成为一个屹立不倒的人。

给自己打气，会让你越来越自信

德国人力资源开发专家斯普林格在其所著的《激励的神话》一书中写道："人生中重要的事情不是感到惬意，而是感到充沛的活力。""强烈的自我激励是成功的先决条件。"所以，学会自我激励，就是要经常在内心告诉自己，我相信自己可以做到。如果你的心被自卑掩埋，那么你已经输了。

对于生活中的我们来说，我们每天都要面临着不同的压力，有时候难免会出现一些消极情绪，比如焦虑、畏惧等，战胜它的法宝就是自信心和勇气。自信心从何而来？自我激励会帮你重新获得能量。

如果我们能经常激励和鼓励自己，潜意识就会接受，从而调动一切积极的因素让我们变得强大，不少成功者，都是通过这一方法提高自己的专业能力和水平的。

华罗庚是我国著名的数学家。然而，在华罗庚小的时候，他并不聪明，学习成绩也很不好。正因为如此，他在小学毕业时，只拿到一张修业证书，而不是毕业证书。进入中学后，他的数学成绩还是很差，通过补考，他才勉强及格。

那时候，很多同学都笑话他，甚至说他是个"笨蛋""废物"，而这并没有让华罗庚自卑，相反，他暗暗下定决心：我一定可以的，我的数学成绩一定能提高上去。他也相信自己能做到。他的自信产生了巨大的力量。他知道自己比别人笨，就用笨鸟先飞的方法，别人学习1个小时，他就学习2个小时。

华罗庚在数学上的成就来源于哪里？来自于自我鼓励和自信的力量。一个人若要获得成功，若要活出精彩的人生，首先要战胜自己，战胜怯弱，战胜自卑！

我们不得不承认，自信的人都是勇者，成功也无不来源于自信。那么，信心从哪里来呢？没有天生的信心，只有不断培养出来的信心。勇者的自信来源于他们在内心建立的积极自我意识，自我鼓励。

那么，我们该怎样自我激励，以获得信心呢？

1. 跟自己比，不和别人比

爱迪生说，自信是成功的第一秘诀，自信心的树立，不在于和别人比较，而是拿自己的今天和昨天去比。

爱迪生在上小学时，有一次上劳作课，同学们都交了自己的手工作业，但到第二天，爱迪生才慢吞吞地交给老师一个粗糙的小板凳，对此，老师的评价是："我想世上不会再有比这更坏的小板凳了。"对此，爱迪生的回答是："有的。"然后他从课桌下面拿出两只小板凳，举起左手说："这是我第一次做的。"又举起右手说："这是我第二次做的，我刚才交的是第三次做的，虽然它不能使人满意，但是总算比这两只好多了。"

爱迪生的自信就是在和自己的比较中树立起来的。

现实生活中，大家都习惯了去和别人比较，山外有山，这样和别人比较下去是没有尽头的，还会在和别人的比较中失去了自信，同时也被周围的环境牵着鼻子走。所以建立自信最关键的一步就是改变自己老是和别人比较的习惯，一旦发现自己在不知不觉地和别人比较就要提醒自己打住，这是个思维习惯的问题，经过一段时间的纠正肯定能够克服掉。

2. 找到自信心的欠缺处

我们要意识到自己的信心在哪方面是欠缺的，只有找到这一点，才能更好地"查缺补漏"。比如，你是否在工作中感到力不从心，或者当你与一个比你更有实力的伙伴合作时，你是否感到自卑？那么这种畏缩与自卑是从何而生的呢？我们必须对此进行认真的反思。

3. 学会微笑

我们都知道笑能给人自信，它是医治信心不足的良药。如果你真诚地向一个人展颜微笑，他就会对你产生好感，这种好感足以使你充满自信。正如一首诗所说：“微笑是疲倦者的休息，沮丧者的白天，悲伤者的阳光，大自然的最佳营养。”

4. 走路抬头挺胸

外在的姿态和步伐和人的内心体验有着密切关系，人在充满信心时挺胸抬头，走起路来步伐坚强有力，速度也稍快。人在丧失信心时会低头哈腰，走起路来无精打采，速度缓慢。因此，我们平常走路时要坚持抬头挺胸，这样有助于增强自己的自信心。

5. 运用积极的自我暗示

首先是有根据的自我暗示，对于自己的优势要不断地在心理上进行强化；对于自己的劣势，需要制订详细计划进行克服，相信这些劣势经过一段时间后会转变为自己的优势。不管是现在拥有的优势还是经过一段时间能够转变为优势的劣势，都是实实在在的东西，看得见摸得着，这是自信的基础，是自己很容易就能自信的根据。

另外一种是没有根据的自我暗示，即时刻提醒自己：我是世界上最棒的，我有实力，我有能力，我一定会成功。从现在开始，每天早晨起床和晚上睡觉时，甚至随时随地对自己说上一遍激励自己的话，经过一段时间的积累后一定会有效果的。

6. 客观对待负面信息

影响自信心的负面信息总是随时出现的，对此，我们一定不能气馁，而要学会客观分析，你是真的无法解决吗？还是因为没有作到足够努力呢？而如果自己实在无法解决，可以寻求他人的帮助和教导。

任何一个人，要想获得自信，就必须认识到一点，那就是真正的自信来自于我们的内心世界，源于我们的潜意识。改变我们的潜意识，从内心自我鼓励，这些将奠定我们自信的基础。

积极的自我暗示能提升自信

《心理暗示术》作者爱米尔曾说过一句流传至今的自我暗示名言："每一天，我们都以每种方式，让自己过得越来越好。"也就是说，一个人可以通过运用想象的力量，从身体、精神和心灵上改善自己的生活。在生活与工作中，如果你懂得使用积极的暗示，可能会让生活变得更美好。

生活中的人们，你也可能遇到这样那样的烦心事，你也应该学习恰当运用自我激励，从而给自己精神动力，自我激励能使你从困难和逆境造成的不良情绪中振作起来。

那些成功者之所以成功，就是因为他们做到了这点。因为决定人生成败的是态度，积极乐观的人可以在任何时候都快乐，无论道路多么崎岖都会毅然向前走；所以，不管你身处何种境地，一定要保持正面情绪（积极、乐观、不抱怨），这样你就会变得成熟、自信。

因为家境贫困，再加上爸爸酗酒，所以小林的内心非常自卑。早在初中时候，记得有一次，小林作为班长带领班级的几个骨干出黑板报，因此耽误了晚上回家吃饭的时间，为此，爸爸去送饭给小林吃。那天，正好小林的弟弟生病了，所以，爸爸去得比较晚，都快上晚自习了才去。妈妈做了肉丝，用大饼包着让爸爸送给小林。不过，让小林惊讶的是，爸爸居然还带了一罐八宝粥。要知道，小林和弟弟平时可是很少吃八宝粥的，所以，小林坚持没有吃八宝粥，让爸爸带回去给弟弟吃。虽然爸爸给小林送饭，小林心里觉得暖暖的，但是，小林还是很生气。小林很了解爸爸，只看了爸爸一眼，她就知道爸爸又喝多了，眯缝着眼睛，话也特别多。因为爸爸酗酒，所以总是和妈妈吵架，给小林的心里带来了很大的阴影。看到爸爸醉醺醺的样子，小林根本不想搭理他，因此没好气地和爸爸说话。后来，同学问小林，为什么爸爸对她这么好，还给她送饭，她却好像在生爸爸的气呢？小林无言以对，因为她不能告诉同学爸爸酗酒，给家庭带来了很大的伤害。就这样，小林变得越来越敏感和自卑，她总是问自己，为什么没有一个不酗酒的好爸爸呢？为此，她不仅无法从家庭中得到安全感，甚至觉得自己在同学们面前矮人三分，虽然她的学习成绩始终在班级中遥遥领先。几年的时间过去了，小林变得越来越沉默，她高中毕业后考进了一所师范院校。

在读大学期间，小林和几个同学辅修了催眠课程，渐渐地，她掌握了一些自我催眠暗示的方法，每当她为爸爸酗酒的事感到自惭形秽时，她就暗示自己："每个人都是独立的，爸爸有他喜欢的生活方式，我是我自己，我应该自信起来。"时间久了，经常暗示自己的小林发现自己好像有了不小的变化。她发现自己很喜欢写文章，结果老师发现了她优美的文笔，便鼓励小林参加文学社。小林担心自己不行，迟迟没有答应。直到又发表了几篇文章之后，她才鼓足勇气参加了文学社。进了文学社不到一年时间，小林就因为表现出色被大家推选为副社长。

在文学社中，小林因为才华横溢，所以很受同学和老师的推崇。加上一直在学习自我催眠的方法，渐渐地，她不再那么自卑。以前，因为爸爸酗酒，即使每次考试都是班级第一名，她也仍然觉得在人前抬不起头来。现在，因为出色的表现、优美的文笔，小林慢慢地有了自信。随着年岁的增长，她意识到每个人都有选择自己生活的权利，别人可以建议，却没有权利干涉。因此，她不再因为爸爸酗酒的事情而自惭形秽了。随着自信心的增强，小林意识到自己在文学方面颇有才华，而且，她不仅非常喜欢写作，也很喜欢阅读。在老师的引导下，她变得越来越乐观开朗，不仅把文学社搞得有声有色，还发表了越来越多的文章。大学毕业后，小林因为具有文学方面的才华，被学校保送至某著名大学的中文系读研。

这则案例中，我们看到了女孩小林从自卑逐渐走向自信的过程。在她小时候，因为父亲酗酒，小林的内心一直被自卑的阴影笼罩着，即便是全班第一名的好成绩也未能帮她排解。幸运的是，小林后来学会了一些自我暗示的方法，并且，她找到了自己在文学方面的特长，就这样，她渐渐地有了自信，对人生也充满了希望。可以说，假如没有学习到如何给自己积极的暗示，小林的人生很可能是另外一番景象。

对于生活中的每个人来说，想要坚信，自我暗示与肯定，都是一种良好的训练。因为这些肯定性信息能反馈到我们大脑中，产生我们真正所盼望的自我改进与自我完善，从而促进我们改善身心。只要我们坚持这种训练，并且坚持一段时间，就会发现，自我暗示、自我肯定绝不是白日做梦，绝不是自欺欺人，而是一种有效的自我激励与精神升华的手段，它帮助我们重塑自己的人生，重新构筑自己的身心世界。

然而，自信不是盲目地自大，而是智慧与才能的结晶。没有自信心不行，没有脚踏实地的钻研学习也不行，否则就会像一艘船失去了帆或舵漂泊在洋面上。固然，盲目地自信是自大，取不得，而妄自菲薄过度自卑更取不得。所以我们凡事都要尽力而为，给自己一定的信心，让生活变得更加精彩。

累积自我价值，就是累积自信

生活就如同一本书，我们在阅读它的时候，会了解到很多人生的道理，其中一条就是：做人要自信。只有心中充满自信，才能做最出色的自己。其实，自信是一种很好的心理状态，只有自信才能让你看到人生的航向，找到前进的目标，让你找到真实的自我。如果一个人缺乏自信心，他在这世上就过得昏昏沉沉，迷失自我，甚至被世界所遗忘。

然而，这样好的心理状态是来源于我们的经历的。举个很简单的例子，如果让一个人拿一瓶水走一百米的话，他很轻松就能做到，简直可以说是不费吹灰之力，这就是一种已经内化到潜意识的自信；而如果拿的是一箱水，且需要走一千米的话，此人可能要考虑一下才能做到，这就是一种意识上的自信；如果路程增加到一万米，此人可能就没那么自信了，而只有那些对自己的身体状况很了解且自信满满的人才会达成。

这里，我们很容易将人的自信分成三个层次：潜意识自信、意识自信和意志力自信，前两者是基础，而要达到意志力自信，就先要做到前面两种。为此，我们要不断培养，实现更高阶段的自信的转化。

为了累积自信，我们首先要做的是累积价值，在自我价值的获得中，我们会获得自我肯定，从而将自信内化到潜意识中。

其实，在社会生活中，我们最为看重的就是自我价值，一个人参与社会工作，一方面是为了赚取生活资本，一方面也是为了获得自我价值，希望被肯定；一个在职的人害怕退休，也是害怕失去自我价值。我们每个人都是渴望被人认可和肯定的，因为这样会让我们感到自我价值很高。

我们先来看下面的故事：

于颖是个自信、大胆的女孩。但小时候的她并不十分自信，因为她脸上有一些雀斑，她总感觉周围的人看不起她，但是她的母亲告诉她，一个女孩，只要是自信的，就是美丽的，母亲还给她举了很多名人的例子。慢慢地，在母亲的引导下，于颖开始抬起头来，不再在意脸上的雀斑。

后来，母亲告诉于颖，要自信，就要让自己不断进步，所以，在课堂上，她开始大胆举手，努力学习，她逐渐看到了同学们对自己投来的赞赏目光。

上大学的时候，她抓住每一分每一秒的时间学习，不让时间浪费掉，并且，她也大胆表现自己，所以，四年大学下来，她变得更自信了。

大学毕业后，她进了一家电子公司行政部门，做起了安安稳稳的文职工作。

有一次，公司老总开会，希望能从人员过多的行政部门调几个人到市场部门，他问大家的意见，结果谁也不肯站出来。因为他们都认为自己是“学院派”、科班出身，怎么能走街串巷、满脸堆笑地揽活呢？

这时，于颖猛地站起来，自告奋勇地说：“老总，我愿意！”因为她相信自己同样能胜任市场上的工作，这远比在“毫无出息”的行政部门更能体现自己的能力。于是，她马上被调到业务部工作。对于她来说，这是十分陌生的工作岗位，很多事情都让她感到晕头转向。她必须迅速适应周围的一切，尽快建立自己的客户网络，才能扩大业务成交量。

于颖开始走出办公室，主动和别人商谈合作事宜，了解市场上的价格与折扣。她成了个大忙人，她不仅要负责业务部的大小事务，还要将自己针对公司的每一项产品做的实地调查情况，做成书面报告交给老总，以便于公司开展下一步具体的工作。

在业务部，于颖已经工作四年了，如今的她，已建立了稳固的客户群，同时又让其他业务人员充分施展了自己的才干。他们团结合作，创造了前所未有的业绩，使公司上上下下的人都对她刮目相看，很快，她便进入公司的管理层。

这个故事中，于颖顺理成章地进入了管理层，而当初和她坐在同一间办公室的同事们，却还在从事原来的工作。她的成就得益于她的自信，而她的自信来源于她母亲的引导和她从小到大不断的努力，自我价值的累积让她能做到无所畏惧，敢于任事，才使得她抢占到先机，让自己在竞争激烈的环境中脱颖而出，成为领导们眼里的宠儿。

当然，要累积自我价值，需要我们做到：

1. 拥有良好的心态

生活中，一些人面对与他人的差距，会怨天尤人，但抱怨并不能改变这种差距。而你要缩小这种差距，甚至超越他人，就必须挖掘自己内心的力量——自信，设置与把握正确的人生目标，以及运用这些能量向着我们所设定的目标努力，并采取一些具体的行为。而也只有这样，才能达到一种心理平衡。但这不仅仅是一种心理平衡，在富有耐心而坚毅的努力过程中，我们将逐渐显示自己的优势，超过别人，超过那些我们有前自以为不如他（她）的那些人。

2. 不断学习，让自己具有硬实力

在今天，素质决定着命运。当然，在具备这点后，你就要实事求是地宣传自己的长处、才干，并适当表达自己的愿望，这样才能让别人更加了解你，也给予你更多机会。

3. 不断挑战自己

任何一个人，在这个快节奏、高效率的时代，要想脱颖而出，要想进步，都必须要做到不断挑战自己。要知道，一个人的能力是需要不断挖掘的，只要我们能相信自己，欣赏自己，摒弃自卑，我们就能在职场、事业上不断彰显自己的能力和价值。

总之，人活于世，靠的就是自信。自古以来，那些成功者，为什么能实现自己的人生目标？因为自信！因为自信是成功人生的奠基石，自信是成功的第一秘诀。不过自信的获得不是一蹴而就的，而是要慢慢累积的，当我们从一件件的事情中获得成就感时，自我价值也就不断累积了，同时从中获得不断累积的自信，最终，我们便能开启自己完全自信的人生了。

第03章

潜意识与成功，为自己插上成功的翅膀

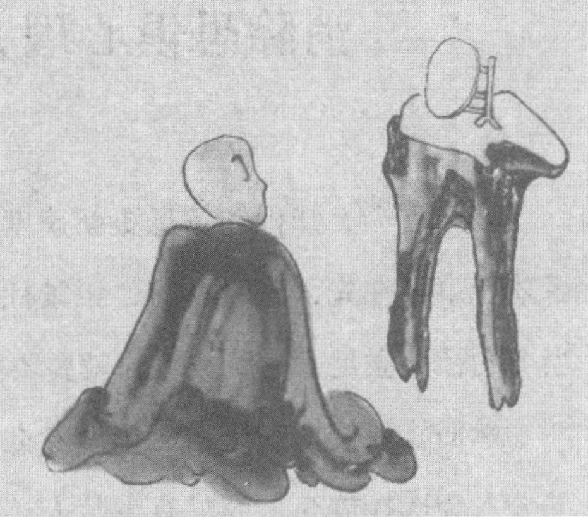

我们在前面章节中作过分析，我们了解到，潜意识会无条件地执行我们传达给它的命令，而且，只要我们反复强调，潜意识就能帮你达成。世界著名博士贝尔曾经说过这么一段至理名言：“想着成功，看看成功，心中便有一股力量催促你迈向期望的目标，当水到渠成的时候，你就可以支配环境了”。其实，人世中的许多事，只要想做，并坚信自己能成功，那么你就能做成。这正是目标的作用。所以，我们要想成功，就要向潜意识注入成功的欲望，潜意识会调动一切积极的因素让你向目标前进，最终帮你达成愿望、获得成功。

消除恐惧心理，敢于迈出第一步

当今社会，知识和信息更新速度之快，要求每个人都敢想敢做，也只有勇者才能事事在先，时时在前，跟紧社会，做时代的弄潮儿。所以，我们若想在当今的社会立足，有所成就，就要不畏惧风雨，不怕挫折，不惧坎坷。

然而，我们也知道，无论做什么事，都有可能遇到困难，在困难面前，大部分人会选择放弃，而只有少数人还能坚持到最后，原因就是他们在困难面前懂得调整自己的潜意识，因此消除了恐惧心理。

对于潜意识来说，无论我们传达给它的是积极的建设性的思想还是破坏性的思想，它都会毫不犹豫地接收，无论是信心还是恐惧，潜意识也会接收，然后再变成事实。所以，在困难面前，在潜意识里，我们只有用建设性的思想来取代消极思想，才能提升我们的自信心。

所以，如果目前你已深陷恐惧之中，要想改变并不困难。你的潜意识是万能的，只要你向它发布命令，让它接受自由、幸福和健康的想法，很快你就会有自由、幸福和健康的感受。我们先来看下面一个故事：

曾经有一个叫魏特利的人，他经历过这样一件事：

19岁那年，他的朋友特别多。一天，有个朋友和他约好，就在周日早上，他们一起去钓鱼，魏特利很高兴，因为他还不会钓鱼。

因此，头天晚上，他先收拾好所有装备，比如，网球鞋、鱼竿等，并且，因为太兴奋，他居然还穿着自己刚买的网球鞋就上床了。

第二天一大早，他就起床了，把自己的东西都准备好，并且，他还时不时地朝窗外看，看看他的朋友有没有开车来接他，但令人沮丧的是，他的朋友完全把这件事忘记了。

魏特利这时并没有爬回床生闷气或是懊恼不已，相反，他认识到这可能就是他一生中学会自立自主的关键时刻。

于是，他跑到离家最近的超市，花掉了他所有的积蓄，买了一艘他心仪已久的橡胶救生艇。中午的时候，他将自己的橡胶救生艇充上气，顶在头上，里面放着钓鱼的用具，活像个原始狩猎人。

随后，他来到了河边，魏特利摇着桨，滑入水中，假装自己在启动一艘豪华大油轮。那天，他钓到了一些鱼，又享用了带去的三明治，用军用壶喝了一些果汁。

后来，他回忆这次的光景，他说，那是他一生中最美妙的日子之一，是生命中的一大高潮。朋友的失约教育了他，凡事要自己去做。

生活中最大的危险不在于别人，而在于自身；不在于自己没有想法，而在于内心恐惧，不敢前行。

不断进取，敢于面对一切困难，努力克服它，战胜它，这是生存的法则。相反，逃避是懦夫的作为，最终只能带来更多的危机。

恐惧是获得胜利的最大障碍。你若失去了勇气，你就失去了一切。而现实中的恐怖，远比不上想象中的恐怖那么可怕。很多时候，成功就像攀爬铁索，失败的原因不是智商的低下，也不是力量的单薄，而是威慑于自己的无形障碍。如果我们敢于做自己害怕的事，害怕就必然会消失。

恐惧的表现之一通常是躲避，而试图逃避只会使得这种恐惧加倍。任何人只要去做他所恐惧的事，并持续地做下去，直到有获得成功的纪录做后盾，他便能克服恐惧。

如果你不能自己除掉恐惧，那么阴影就会跟着你，变成一种逃也逃不了的遗憾。不要因为恐惧失望而害怕尝试。一旦你直面恐惧，很多恐惧都会被击破。既然困难不能凭空消失，那就勇敢去克服吧！

一个人绝对不可在面对恐惧的威胁时，背过身去试图逃避。若是这样做，只会使危险加倍。当然，要克服对困难的恐惧，我们还可以使用自我催眠法，激发自己的潜意识，告诉自己没什么可害怕的，这样，你便能逐渐变得勇敢，坦然面对困难。

1. 摒弃消极思想

一旦你受到周围消极思想的影响，想要再建立起积极的态度几乎是不可能的。在你耳边，经常会响起一些消极词汇，如“小心”“慢慢来”“还不错”“我早说过了”“不可能”“事情结束了”等。你应学会分辨消极和积极的言词，避免接触和使用消极的言词，因为答案总存在于积极正面的一方。

2. 告诉自己“我能行”

生活中，许多人常常说“我不行”。之所以他们会有这样的意识，通常来说都是因为他们给自己设限，要摆脱这种种恐惧，你必须要在内心反复暗示自己：“我能行。”

3. 多做一些曾经没有做过的事

做曾经不敢做的事，本身就是克服恐惧的过程。如果你退缩、不敢尝试，那么，下次你还是不敢，你永远都做不成。只要你下定决心、勇于尝试，那么，这就证明你已经颈部了。在不远的将来，即使你会遇到很多困难，但你的勇气一定会帮你获得成功。

总之，你需要记住的是，在困难面前，逃避无济于事，只有正面迎击，困难才会解决。而事后，你会发现，有时候，那些所谓的困难与麻烦只不过是恐惧心理在作怪，每个人的勇气都不是天生的，没有谁是一生下来就充满自信的，只有勇于尝试，才能锻炼出勇气。

你知道自己要什么吗

有人说，人生最悲哀的事莫过于穷其一生在为某件事努力，最后却发现那不是自己想要的东西。所以，任何一个真正成功的人都会知道自己的目标，也就是自己想要什么。从心理学的角度来看，当一个人清楚地看到了自己的目标之后，他也就成功了一半，而另一半就是让他的潜意识完全相信并接受这一目标。

在韩国首尔大学，有这样一句校训："只要开始，永远不晚。人生最关键的不是你目前所处的位置，而是迈出下一步的方向。"这句话的含义是，任何理想不经过实践和行动的证明，都将是空想。只要你心有方向，立即行动，任何理想都有实现的可能；反之，没有方向的路，走得再多也是徒劳。

在非洲的森林里，曾经有四个探险队员来探险，他们拖着一只沉重的箱子，在森林里踉跄地前进着。眼看他们即将完成任务，就在这时，队长突然病倒了，只能永远地待在森林里。在队员们离开他之前，队长把箱子交给了他们，告诉他们说：请他们出森林后，把箱子交给一位朋友，他们会得到比黄金更贵重的东西。

三名队员答应了请求，扛着箱子上路了，前面的路很泥泞，很难走。他们有很多次想放弃，但为了得到比黄金更贵重的东西，便拼命走着。终于有一天，他们走出了无边的绿色，把这只沉重的箱子拿给了队长的朋友，可那位朋友却表示一无所知。结果他们打开箱子一看，里面全是木头，根本没有比黄金贵重的东西，而那些木头也一文不值。

难道他们真的什么都没有得到吗？不，他们得到了一个比金子贵重的东西——生命。如果没有队长的话鼓励他们，他们就没有了目标，他们就不会去为之奋斗。从这里，我们可以看到目标在我们追求理想的过程中的指引作用！

而在实际生活中，很多人因为无法承担追求梦想带来的困难和痛苦，就追求安稳的生活，每天两点一线，上班、回家，回家、上班，逐渐对梦想失去激情，而当他们看到他人风光无限或是衣食富足时，又嫉妒得要命。天上不会掉馅饼，即使掉了也不一定会砸到你的头上，凡事有因才有果，你付出了才能有回报，甘于现状、不思进取却又企望富贵发达，这就是“白日做梦”。

很多时候，消除恐惧的方法就是作个痛快的决定，只要想做，并坚信自己能成功，那么你就能做成。

小凌今年28岁了，刚结婚那几年，她是幸福的。她本来以为找个好人家把自己嫁出去，往后的生活围绕着丈夫与孩子团团转，一辈子也就这样了。但是，当她真的成家以后，却经常感到很迷茫，觉得浑身不自在。

更让她感到糟糕的是，婚后的丈夫也好像变了，找了份安稳的工作后，就变得不思进取，每天下班回家后就是打扑克、泡酒吧，这让她打心眼里嫌弃丈夫的无能和窝囊。再加上家里的经济条件并不十分宽裕，因此她很不开心，时常唉声叹气。

一个星期天，小凌的一个闺蜜邀她出去喝咖啡，小凌诉说起心里的烦恼，埋怨自己嫁错了人。好友善意地提醒她：“如果你总想着让老公多赚外快，增加收入，那么你恐怕很难感到快乐。既然你自己有理想、有能力，为什么不干脆自己创业或者努力工作呢？”这番话点醒了小凌，她仔细一想，觉得好友的话十分在理，于是她开始留意身边的各种机会。

半个月后，邻居准备转让一家餐馆，她就动了心思，打算把餐馆接过来。当时，丈夫和婆婆都不同意，觉得她一个女人能干成什么事。再说，她也缺乏经营经验，而且事情太繁杂，怕她遭罪。但小凌坚持接了下来。很快，因为经营有道，她的生意红火起来。

尤其让她感到高兴的是，因为她打开了自己人生的新局面，丈夫也不再游手好闲，时常来帮她招待客人，管理餐馆的大小事务，在工作中也开始奋发向上。丈夫常感激她，说她让他找准了人生方向，就像周华健唱的那首歌——“若不是因为你，我依然在风雨里飘来荡去，我早已经放弃……”

如今的他们，在生活中能够互相交流自己的想法和意见，感情也比从前更加融洽了。

这就是一个聪明女人不甘于现状，用自己的能力改变现状的典范。刚开始，她围着丈夫和孩子转，她原本以为这就是幸福，但实际上，这并不是她要的生活，她很快发现自己过得并不快乐，在闺蜜的提点下，她很快找到了努力的目标。事实证明，她有能力经营好自己的事业、自己的幸福，她与丈夫的感情也比以前更加亲密、融洽了。

我们每个人都应该明白一个道理，说一尺不如行一寸，也只有行动才能缩短自己与目标之间的距离，只有行动才能把理想变为现实。成功的人都把少说话、多做事奉为行动的准则，通过脚踏实地的行动，达成内心的愿望。但任何行动，如果没有一个明确的方向指引，都是无意义的。

因此，潜能大师建议，如果你觉得现在的工作和生活充满未知数、一片迷茫的话，那么，你就该想一下，什么是你感兴趣的事，什么让你真的乐在其中，这有助于你找到人生的方向。只有全面地认识自己，了解自己的兴趣、特长、性格、常识、技能、智商、情商、思维方式、道德水准等，才能对自己的人生、职业作出正确的选择和规划，才能选定适合自己发展的路线，才能对自己的人生作出最佳抉择和最明智的规划。

设立的目标一定要明确和清晰

前面，我们已经提及，潜意识是没有辨别和分析能力的，它只会听从我们给它的指挥。也就是说，你给它一个行动的目标，它就会自动帮你实现，这就好比巡航导弹的目标追寻机制，帮助你不断接近乃至击中目标。然而，我们看到的不少人是没有达到自己的目标的，这是因为，他们的目标并不清晰明确。

举个最简单的例子，你到了某个城市，上了一辆出租车，希望司机能载你去某个地方，但是你竟然花了五分钟时间在描述你想要去的某个地方，相信此时司机就一定感到迷茫，并拒绝为你服务。其实，你的潜意识也是如此，面对混乱不堪的目标，它也无法执行。为此，你首先要做的就是明确你的目标，知道从哪里着手。

在我们的工作和生活中，很多人都称自己太忙了，他们总是匆匆忙忙、从未停下脚步来歇歇。然而，我们真的忙出成果了吗？相信大部分的回答是否定的。既然如此，我们的忙就是无效的，这是因为我们做事毫无头绪、没有目标或者目标不明确。正所谓磨刀不误砍柴工，我们有必要在做事前先制定目标，这样，我们的潜意识在执行时才更有目的性。

那么，该怎样制定目标呢？我们先来看下面的故事：

在唐朝贞观年间有个和尚，要到西天去取经，他需要一匹马。在长安城有一匹平时在大街上驮东西的马，结果被他选中了，然后他就准备去西域去取经。这匹马有个很好的朋友，是头驴子。平时驴子都在磨坊里面磨麦子。这匹马临走之前就跟它的好朋友道别，道别完之后就走了。一走就走了十七年。十七年之后这匹马就驮着很多佛经回到了长安城。和尚受到了英雄般的欢迎，这匹马也一举成名。这匹马回到它当年的好朋友驴子的磨坊里面，发现驴子还在，它们两个就一起诉说十七年的分别之情。这匹马跟这头驴子讲起它这十七年的所见所闻，它见了非常浩瀚的沙漠、一望无边的大海，去到一条木头在里面浮不起来的河叫黑水河，去到一个只有女人的，没有男人的地方叫女儿国，去到一个鸡蛋放到石头里能够熟的地方叫火焰山。

这匹马讲了很多很多，这头驴子听完流着口水说："你的经历可真丰富呀！我连想都不敢想！"这匹马就接着讲："我走的这十七年你是不是还在磨麦子呀？"这头驴子说："是呀！"这匹马就问它那你每天磨多少个小时，这头驴子说8小时。马说："我和大师当年平均每天也走八小时，这十七年我走的路程和你走的路程是差不多的。可是关键在于当年我们朝着一个非常遥远的目标，虽然这个目标有多么遥远，我们根本看不到边，可是我们方向明确，始终朝着目标迈进，最后终于修成正果。"

我们在笑话驴子的同时，是否也应该反省一下自己呢？实际上，很多人都过着如同故事中的驴子般的生活，每天工作8小时，每天都重复着同样的工作，每天的工作都是在原地转圈圈，毫无建设性的进展，就这样安于现状。十年、二十年之后，当周围的人已经步入成功的殿堂之后，他还在原地打转。而有些人，没有甘于围着磨盘打转，他们有梦想有目标，并且认准目标就一直向前走，虽然因为种种原因走了弯路，但是大方向是不变的，因为梦想在前方，在牵引着他们，他们知道，那才是他们的终点。

美国的一位心理学家曾经指出："如果一个铅球运动员在比赛的时候没有目标，那么，他的成绩一定不会很好。如果他心中有一个奋斗目标，铅球就会朝着那个目标飞行，而且投掷的距离就会更远。"这个比喻非常形象，它生动地说明了我们做事目标的重要性。当我们有了一个追求的目标时，才会不懈地努力，向心中既定的目标前进。

人生不能没有目标，如果没有目标，你就会像一只黑夜中找不到灯塔的航船，在茫茫大海中迷失方向，只能随波逐流，达不到岸边，甚至会触礁而毁。我们强调做事要立即行动、绝不拖延，但这并不意味着我们可以盲目做事。事实上，如果在无目标的情况下做事，会拖延更多的时间，因为我们需要花时间重新审视自己的行为和方法。

所以，我们只有树立明确的目标，制定出详尽的计划，才能让潜意识投入实际的行动，才能收获成就感和满足感。

那么，具体来说，我们该怎么做呢？

1. 制定完善的计划和标准

要想把事情做到最好，你心中必须有一个很高的标准，而不能是一般的标准。在作决定之前，要进行周密的调查论证，广泛征求意见，尽量把可能发生的情况考虑进去，以尽可能避免出现漏洞，直至达到预期效果。

2. 制定计划时不要超过你的实际能力范围，而且内容一定要详尽

比方说，如果你想学习英语，那么你不妨制定一个学习计划，安排星期一、星期三和星期五下午5：30开始听20分钟的英语录音磁带，星期二和星期四学习语法。这样一来，你每个星期都能更实在地接近、实现你的目标。

3. 做事要有条理有秩序，不可急躁

急躁是很多人的通病，但任何一件事，从计划到实现的阶段，总有一个所谓时机的存在，也就是需要一段时间让它自然成熟的意思。假如过于急躁而不甘等待的话，经常会遭到破坏性的阻碍。因此，无论如何，我们都要有耐心，压抑那股焦急不安的情绪，才能成为真正的智者。

总之，在做事的过程中，我们若想成功，就必须要让心更有方向，也就是说，在下定破釜沉舟的决心前，我们一定要明确自己的目标和方向。

心念目标，不断想象你的目标

前面，我们已经强调过，潜意识是没有分辨能力的，对于事情的真假，它不会过滤；对于那些明确清晰的目标，只要你对潜意识进行不断的重复，潜意识就会助你实现。

事实上，任何一个成功的人，都是爱做梦的，即长于想象，因为他们知道什么是潜意识的力量。爱因斯坦也曾说，想象力比知识还要重要，任何一个人，无论你的目标有多大、梦想有多远，只要你敢于想象，都有可能成功。

多年前，有一位穷苦的牧羊人领着两个年幼的儿子以替别人放羊来维持生活。一天他们赶着羊来到一个山坡，这时，一群大雁鸣叫着从他们头顶飞过，并很快消失在远处。牧羊人的小儿子问他的父亲："爸爸，爸爸，大雁要往哪里飞？""它们要去一个温暖的地方，在那里安家，度过寒冷的冬天。"牧羊人说。他的大儿子眨着眼睛羡慕地说："要是我们也能像大雁那样飞起来就好了，那我就要飞得比大雁还要高，去天堂，看妈妈是不是在那里。"小儿子也对父亲说："做个会飞的大雁多好啊，那样就不用放羊了，可以飞到自己想去的地方。"

牧羊人沉默了一下，然后对两个儿子说："只要你们想，你们也能飞起来。"两个儿了试了试，并没有飞起来。他们用怀疑的眼神瞅着父亲。牧羊人说，让我飞给你们看，于是他飞了两下，也没飞起来。牧羊人肯定地说："我是因为年纪大了才飞不起来，你们还小，只要不断努力，就一定能飞起来，去想去的地方。"儿子们牢牢地记住了父亲的话，并一直不断努力，等到他们长大以后果然飞起来了，他们发明了飞机，他们就是美国的莱特兄弟。

这个真实的故事再次使我们坚信：一个人如果在内心看到了自己成功后的画面，想象着自己成功的样子，他就能从潜意识中获得能量，就能坚持不懈地为之努力，那么，他一定会是一位成功的人。人生中有许多这样的奇迹，看似比登天还难的事，有时轻而易举就可以做到，其中的根源就在于人们拥有非凡的信念。

事实上，许多人能够在潜意识的激励下，勤奋工作，逐步成长为独当一面的高才，毕竟人有70% 的潜能是沉睡的。

所以，在我们的现实生活中，我们想要实现的目标，其实都是在我们的想象当中提前实现过的，随后才真的出现，由此足见想象的能量。其实，这一点也能被运用到社会的其他方面，比如，国外有一种治疗癌症的独特心理治疗法，称作“内视想象疗法”。这种心理治疗方法，是让病人想象自己的白血球正在不断地击败入侵的癌细胞，有的患者靠这种方法使病情得到控制。想象白血球正在不断地击败入侵的癌细胞，这是病人对自己抗病能力的一种期待。这种期待会调动肌体对病毒的抵抗潜能，而事实上，白血球并不是在击败入侵的癌细胞。

现代社会中的每个人，都希望获得成功，而个人信心是至关重要的，尤其在充满不确定性的当代社会，人心脆弱，保持对社会和自己的自信心和凝聚力就显得更加重要。如果一个人老是觉得自己无论做什么事情都会失败，这个人通常真的比较容易失败。反过来说，如果一个人对自己有信心，目标清楚，手段明确，最后往往比较容易成功。而信心的展现就在想象上，如果你想象成功后的样子，比如，你穿着什么样的衣服、开着什么样的车、你的房子是什么样子、有多少人为你服务和给你掌声、你的爱人在你耳边说了什么样的话，你对世人的反馈又是什么、所有人都前来对你道贺……你就感受到自己拿起酒杯时的愉悦感，能感受到别人拥护时的自豪感……

因此，我们应该明白的是，我们应该保持乐观正面的心态，对自己进行积极的自我心理暗示，在心中构建成功后的画面，这样，潜意识就会接收你的指示，然后按照你的指示去行动，最终，你必定能成为一个真正有所作为的人。

因为你的信念将会在你的心中生根发芽。

通过自我想象，你完全可以相信奇迹的发生。也许一些人会觉得难以置信，但是奇迹不是时时刻刻在我们的生活中发生了吗？比如，从前，人们认为通讯只能是飞鸽传书或者是骑马送信，而现在一封电子邮件就能将你所有想说的话在第一时间内传达给对方；很久之前，人们认为要登月简直是无稽之谈，但这一幻想也实现了；古时人们远游一次要花上几个月乃至几年时间，但是现在只要几个小时的飞行，你就能置身于异域风情之中。

并不是所有人都会相信自己一定会成功，但是最后的成功者都是敢于想象的人，因为他们知道，只有自己相信目标能够实现，潜意识才会把这个目标吸引到我们周围，最终引领我们创造奇迹。

所以，生活中的人们，如果你正在为一件事努力，那么，你不妨想象一下自己成功后的样子。你要相信自己一定能成功，一定能做到，这样，你便能化压力为动力，便会产生超越自我和他人的欲望，并将潜在的巨大的内驱力释放出来，进而最终获得成功。

制定一个未来规划，来指引潜意识

潜意识所蕴含的力量是巨大的，只要我们能利用好它，我们就能挑战自我，成就一番事业，而这一切前提是我们必须首先要为自己制定好一个未来规划，进而让这个规划指引我们的潜意识。

我们先来假设一下，有两个年轻人们，他们能力不相上下，也都一无所有，一个年轻人目标明确，总是积极向上、每天干劲十足、努力充实自己；另外一个年轻人，他目标模糊、满足于现状、每天浑浑噩噩、得过且过——想象一下，五年后，他们会有什么不同？

的确，尽管只是五年的时间，他们的差距已经显现出来了。前者通过自己的奋斗，已经小有财富，做人办事顺风顺水，事业越做越大、春风得意；而后者，稍微遇到一些问题，便慨叹自己解决不了，每天活在抱怨中，常常为生计、金钱而苦恼。

这两种人，你想做哪种？毫无疑问，当然是第一种！但前提是你要为自己找到一个准确的定位，而不是得过且过。

而在做任何一件事前，我们都必须作好计划，计划是为实现目标而需要采取的方法、策略，只有目标，没有计划，往往会顾此失彼，或多费精力和时间。我们只有树立明确的目标，制定出详尽的计划，才能投入实际的行动，才能收获成就感和满足感。

当然，对于未来的规划，不仅是我们对目前趋势的合理预测，更需要我们能调和自己的潜意识，这其中就包含了我们的直觉、信念还有价值观，将所有的这些因素糅合在一起，所得出的一个全新的组合。

的确，当我们在潜意识中极为渴望某件东西或者某个目标的时候，实际上就是给自己设定了一个远景目标，而且，这种渴望获得的欲望越强烈，奋斗的动力也越充足。在这样的情况下，我们的大脑总是处于兴奋的状态，我们会思路情绪、精力充沛，对于手头事有热情，然后就能完成难以完成的任务，克服很难克服的困难，最终调动自己的潜能，达到目标，实现梦想。

所以，接下来，你不妨找出你的人生目标。

你可以拿出一支笔、几张纸和一只表，你可以将时间限定在15分钟内。然后，你挑出一张纸，在纸的最上端写下问题：我的人生目标到底是什么？当然，这里的目标，在不同的人生阶段是不同的，所以你可以把人生目标看成自己当前看待人生的方式和视角。

接下来，你可以花上两分钟的时间列出所有的答案，比如，谈一场恋爱、去攀登珠穆朗玛峰、环球世界等，当然，你也可以列出一些在别人看来是幻想的事，毕竟，人有目标和梦想总是好事，你也不需要为这些想法负责；不过，你应该也有时间写下一些具体的目标，比如，为家庭，为社会能作出什么贡献，在经济和精神层面的目标等。

然后你可以多给自己2分钟，对刚才列出的清单进行必要的修改，达到让自己感到满意的程度。

如果仔细反省一下现在的生活模式，你或许能增添一两条内容，比如说，你在工作之外还有大把的业余时间，如果拿来为自己充电的话，是不是对未来的职业前景更有帮助？

诚然，我们应该肯定远景规划的重要意义，但这并不代表我们就该固守目标、一成不变，很多专家为那些求学的人提出建议——要不断调整自己的目标。也许你一直向往清华北大、一直想能排名第一，但是根据第二步的分析，如果有些科目经过努力仍无法提高的话，就应该调整自己的目标。否则，不能实现的目标会使你失去信心，影响学习的效率。因此，有一个不切实际的目标就等于没有目标。

其实，不仅是学习，做任何事，我们都要及时调整自己的计划。我们做事不能盲目，策略的第一步应该是明确自己的目标，有目标才会有动力，有了动力才能够前进。但在总体目标下，我们可以适当调整自己的计划，平时多作一手准备，多检查计划是否合理，就能减少一点失误，就会多一份把握。

根据自己的实际情况，制定一个通过自己的努力能够实现的目标；并且目标的制定不是一成不变的，要根据实际情况不断进行调整。经过一段时间的实践，你一定能够确定一个给自己带来源源不断的动力的目标。

因此，你可以把自己的远景规划细化，把大目标分成若干个小目标，把长期目标分成一个个阶段性目标，最后根据细化后的目标制订计划。另外，由于不同的工作有不同的特点，所以你还应根据手头任务制定细化的目标。细化目标也能帮助我们及时调整自己计划。

总之，如果你是个向往事业成功的人，就要懂得根据当时的情况和环境采取适当的行动方案，要懂得审时度势，要让自己的潜意识坚信一点：只有将环境与事业发展的远景规划融合在一起，才能最终实现事业成功。

只有坚持到底，才能将梦想变成现实

我们都知道，人的潜意识是一直在工作且不分昼夜的，然而，潜意识却通常被人们忽略，人们更关心自己的意识，所以，对于梦想，我们只有将其注入潜意识，做到不动摇，不放弃，坚持到底，才能最终实现。

的确，人生短暂，在我们追求目标的过程中，诱惑比比皆是，如果我们能坚持梦想、剔除诱惑的干扰，就没有什么做不到的。其实，这个道理很简单，以挖井为例，找到了水脉之后，就要奋力往深处挖，而如果打一枪换一炮，那么，最终你获得不过是一个个的土坑而已。而在发掘中所消耗的时间精力，已经永远找不回来了。

丘吉尔说过这样一句话，“成功的秘诀就是：坚持、坚持、再坚持！”世上所有的成功，都产生于再坚持一下的努力之中！成功也许真的只是一种“坚持”，当成功与失败的比例是三七开时，坚持的时间越长，成功的机会就越大。凡事坚持，不屈不挠，我们就有了赢的姿态。

大哲学家苏格拉底有着非同常人的智慧，为此，很多人都来向他求教。

一天，一名学生问他：“老师，我也想成为和您一样的大哲学家，但我怎么样才能做到呢？”

苏格拉底说：“很简单，只要每天甩手300下就可以了。”

有的学生说："老师，这太简单了，别说是甩手300下了，就是3000下、30000下也可以啊！"苏格拉底笑了笑没有说话。

一个月过去了，苏格拉底问："那么，有多少同学每天坚持甩手300下啊？"很多学生都骄傲地举起了手，大概有90%的人。

又一个月过去了，苏格拉底又问："还有多少同学在坚持啊？"这回比上次少了10%的人。

时间一天天地过去了，一年以后，苏格拉底又重复着当年的问题："还有同学在坚持每天甩手300下吗？"此时，大家都低下了头，因为他们都没有做到。这时，一个同学举起了手，他的名字叫柏拉图，他后来也成为了像苏格拉底一样的大哲学家。有人问他成功的秘诀是什么，柏拉图微笑着说："甩手，而且甩得足够久……"

这个哲理故事同样告诉生活中的每一个人，无论做什么事，如果你想成功，就要脚踏实地，从小事做起，没有人生下来就是伟大的人。每天坚持做同一件小事也很不容易，就像每天甩手300下，一个月内，大部分人能坚持，一年过去后，却只有一个人能坚持。我们要学习柏拉图这种坚持不懈的精神，这样才能成为像他和苏格拉底一样做成大事的人。当你认真对待每一件小事时，你会发现自己的人生之路越来越广，成功的机遇也会接踵而来。

的确，世间最容易的事就是坚持，最难的事也是坚持。成功在于坚持，这是一个并不神秘的秘诀。法国启蒙思想家布封曾说过："天才就是长期的坚持不懈。"的确，无论我们做什么事，要取得成功，坚持不懈的毅力和持之以恒的精神是必不可少的，它是我们取得成功的法宝。歌德用激励的语言这样描述坚持的意义："不苟且地坚持下去，严厉地鞭策自己继续下去，就是我们之中最微小的人这样去做，也很少不会达到目标。因为坚持的无声力量会随着时间而增长，到没有人能抗拒的程度。"

艾森豪威尔也说："在这个世界，没有什么比'坚持'对成功的意义更大。”的确，世界上的事情就是这样，成功需要坚持。雄伟壮观的金字塔的建成正是因为它凝结了无数人的汗水；一个运动员要取得冠军，前提就是必须要坚持到最后，冲刺到最后一瞬。如果有丝毫之松懈，他就会前功尽弃，因为裁判员并不以运动员起跑时的速度来判定他的成绩和名次。

被拒绝了1000次之后，还敢去敲1001次门的席维斯·史泰龙就是靠毅力走向成功的。他在未成名之时，身上只有100美元和一部根据自己悲惨童年生活写成的剧本《洛奇》。他怀揣着梦想，挨家挨户拜访好莱坞所有的电影公司，但遗憾的是，没有一家公司愿意录用他。

当时好莱坞有五百家电影制片公司，而史泰龙被拒绝了500次。面对500次的拒绝，他依然没有灰心，他坚信，胜利就在下一秒。

于是，他开始了第二轮的拜访，从第一家公司开始，但结果依旧如此。再一次的打击依然没有打到史泰龙。他没有放弃希望，他把1000次的拒绝，当作是绝佳的经验。接着他又鼓励自己从1001次开始。后来他又经过多次上门求职，总共经历了1855次的严酷拒绝，终于有一家电影制片公司同意采用他的剧本，并聘请他担任自己剧本中的男主角。

史泰龙的成功，更加证实了坚持的力量。在机遇面前。行动固然重要，但坚持更为重要。

在追梦的过程中，生活中的人们，你永远都不要放弃心中的希望，如果遇到困难，那么就把困难当成人生的考验，不要在困难面前茫然退缩，更不要不知所措迷失自己，满怀希望地为自己的梦想而努力，相信终有一天，你会走出低谷，走向光明。现实是美好的，又是残酷的，关键在于面对困难时你是否具有韧性，能否坚持到底。

总之，任何一个人都必须要懂得，任何一种策略，只有坚持才会有价值。也只有坚持到底的人，才能经受机遇的层层筛选，并最终获得它的垂青。

第04章

运用意识转换心态，好心态带来好心情

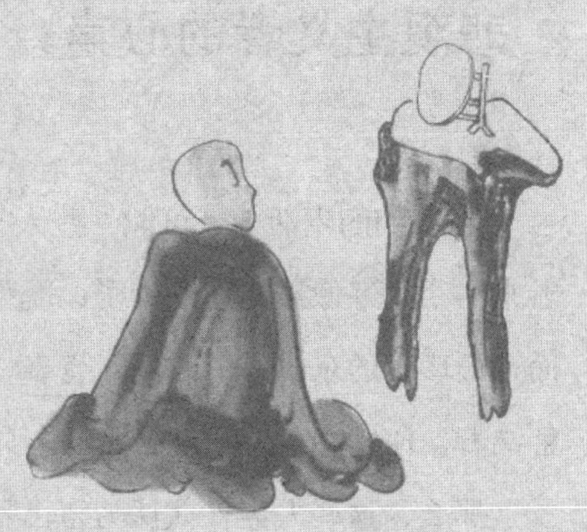

我们任何人，穷其一生，大概都在追求快乐，然而，没有人生来就是快乐的，成为悲观或者快乐的人完全在于自己的选择。一位著名的政治家说过："要想征服世界，首先要征服自己的悲观。"用乐观的态度对待人生，满世界都是"鲜花开放"；而悲观者看人生，则总是"悲秋寂寥"。心理学家称，我们的意识决定了我们的行为、心态和语言等，而我们是可以决定自己的潜意识的，关键就是要控制自己的思想。所以，你在想什么，要变成一个怎样的人，都是由你的思想决定的。我们每个人，都要学会运用意识转换自己的心态，选用积极的思维方式来思考问题，来调节潜意识，这样，我们就会多一分快乐，少一分烦恼。

悲观主义者的心声：“我为什么总是不快乐”

在我们的生活中，可能一些人有这样的疑问：我为什么不开心呢？在他们看来，“我好像被命运欺骗了，既得不到它所承诺的生活，又失去了那些对我而言最珍贵的东西——时间，青春，以及巨大的精力。”这些愁怨在他们心中郁结着，他们甚至忘记自己已经多久没有开怀地笑过了。

那么，这些人为什么认为自己不快乐呢？其实，这是因为他们对自己的潜意识进行了负面的暗示，潜意识是只会执行而不会筛选的执行机器，如果你反复暗示它，你是不快乐的，那么，你就难以得到快乐。

有人说，这世界上存在两种人，划分的标准就是他们对待事物的态度，一种是乐观的人，一种是悲观的人。乐观者，他们的脸上总是挂着微笑，似乎没有事情能难倒他们，因此，他们生活得幸福、坦然；而悲观的人，他们似乎总是把眼光盯在事物坏的一面，于是，他们总是感到低迷，整日郁郁寡欢。有句话说得好：“乐观者在灾祸中看到机会，悲观者在机会中看到灾祸。”微笑看待人生，好运就不会远离。

人生短短数十载，困难和挫折都在所难免，谁都不能预知未来，但我们可以以一颗坦然的心面对。只要做到积极乐观、永不绝望，就一定能渡过难关。

所以，我们每一个人，都应该学会在日常生活中培养自己乐观的精神，都要对自己的潜意识进行积极的暗示。无论遇到什么事，都不要忧郁沮丧；无论你有多么痛苦，都不要整天沉溺于其中无法自拔，不要让痛苦占据你的心灵。

著名潜能开发大师迪翁常常用一句话来激励人们进行积极思考：“任何一个苦难与问题的背后，都有一个更大的幸福！”这是他的招牌话。他有个可爱的女儿， 但一场意外，让这个可爱的小女孩失去了小腿，当迪翁从韩国的演讲赛上赶到医院时候，他第一次发现自己的口才不见了。女儿察觉到父亲的痛苦，就笑着告诉他：“爸爸！你不是常说，任何一个苦难与问题的背后，都有一个更大的幸福吗？不要难过呀！这或许就是上帝给我的另一个幸福。”迪翁无奈又激动地说：“可是！你的脚……”

小女儿非常懂事地说：“爸爸放心，脚不行，我还有手可以用呀！”

听了这样的话，迪翁虽有几分心酸，可也欣慰不已。

两年后，小女孩升入中学了，她再度入选垒球队，成为该队有史以来最厉害的全垒打王！因为她的腿不能走路，所以他每天勤练打击，强化肌肉。她很清楚，如果不打全垒打，即使是深远的安打，都不见得可以安全上垒。所以唯一的把握，就是将球猛力击出底线之外！

这是一个乐观积极的小女孩，在最艰难的时刻，她留给人们的依然是微笑，因为她相信父亲的那句话，“任何一个苦难与问题的背后，都有一个更大的幸福”。于是，灾难变得不再可怕，而她本人也更有能力面对那场艰难的挑战。

的确，乐观就像心灵的一片沃土，为人类所有的美德提供丰富的养分，使它们健康地成长。有一位虔诚的作家，在被人问到该如何抵抗诱惑时回答说：“首先，要有乐观的态度；其次，要有乐观的态度；最后，还是要有乐观的态度。”

日本作家中岛薰曾说：“认为自己做不到，只是一种错觉。”悲伤是一种消极的情绪，它会让你产生挫败感，你会认为自己什么都做不到，而实际上，很多时候，当你绝望时，希望就在前方等着你。因此，只要你放下悲伤，以积极的心态去面对生活的挑战，你的生命就会有无限的可能。

不得不说，任何一个人，他的生活快乐与否，完全决定于他个人对人、事、物的看法如何；而这样的看法又会传输给潜意识，从而决定了他的行为和生活状态，因此可以说，生活是由思想形成的。如果我们想的都是欢乐的念头，我们就能欢乐；如果我们想的都是悲伤的事情，我们就会悲伤。的确，人生在世，快乐地活着是一生，忧郁地过也是一生，是选择快乐还是忧郁，这完全取决于我们的心态，正确的做法就是不断地培养自己乐观的心态，远离悲观，这既是一种生活艺术，又是一种养生之道。

生活中的人们，你也可能遇到某些困难，遇到某些不顺心的事，你可能会因此变得沮丧。其实，你应告诉自己，困境是另一种希望的开始，它往往预示着明天的好运气。因此，你只要放松自己，告诉自己希望是无所不在的，这样一来，再大的困难也会变得渺小。

所以，总的来说，在未来的生活中，我们必须要学会历炼自己，学会自我调节，学会调节自己的潜意识，这样，在未来荆棘密布的人生道路上，无论命运把你抛向任何险恶的境地，你都能做到积极、快乐地生活！

快乐或悲伤，都是潜意识所给的选择

我们已经了解到，人类的思维中，潜意识是非人格化的，是没有选择的，对于我们给它的指示是全盘接受的，所以，意识的选择，如想法、前提等，是极为重要的。它们传达给潜意识的，也都是完全不同的，只有选择正确，你的心里才能充满快乐。

所以，心理学家称，一个人的心理状态，快乐或者是悲伤，都是潜意识所传达出来的选择，我们要想获得快乐，就要选择快乐，暗示自己是快乐的。正如天气有晴有阴一样，阳光不会一直照耀着我们，我们在人生旅途中也不会一帆风顺。但无论如何，只要我们选择快乐，我们的心就是快乐的；而如果我们选择了悲伤，悲伤就会被我们装进行囊中，那么，恐怕我们的路会越走越艰难，步子也会越来越沉重。所以，我们要有好的心态，首先就要选择积极的意识。

那么，现在我们来试想这样一幅画面：春日里，循着一片清新的气息，你来到溪畔，晨光洒在娇羞的花骨朵儿上，于是，它们忽然热烈地一层一层漾开绯红的面孔，好像燃起的火光，与天空推涌泼洒过来的流霞浑然一体。当阵阵沁入心脾的幽香随风拂面，你的嘴角自然而然地拉开一条柔和的弧线，一种对生命发现和感激的欢愉油然而生。

在你看来，这是一副美丽的画面，但你生活的周围，却有这样一些人，他们总把眼光盯在那些偶尔飘零的落叶、清溪上飘零的片片香瓣上，于是，他们不禁伤感起来。这样的人，他们慈心厚爱、心思细腻，却缺乏宽容、辩证的智慧，欢笑对于他们来说只是一件奢侈品。

可能你也会问，该怎样才能具备积极的心态、笑对生活呢？其实，这完全在于我们自身意识的选择，拿破仑·希尔曾讲过这样一个故事，对我们每个人都极有启发。

塞尔玛陪伴丈夫驻扎在一个沙漠的陆军基地里。丈夫奉命到沙漠里去演习，她一个人留在陆军的小铁皮房子里，天气热得受不了——在仙人掌的阴影下也有华氏125 度。她没有人可谈天——身边只有墨西哥人和印第安人，而他们不会说英语。她非常难过，于是写信给父母，说要丢开一切回家去。

她父亲的回信只有两行，这两行字却永远留在她心中，完全改变了她的生活：

两个人从牢中的铁窗望出去，一个看到泥土，一个却看到了星星。

塞尔玛一再读这封信，觉得非常惭愧。她决定要在沙漠中找到星星。

塞尔玛开始和当地人交朋友，他们的反应使她非常惊奇。她对他们的纺织、陶器表示兴趣，他们就把最喜欢但舍不得卖给观光客人的纺织品和陶器送给了她。塞尔玛研究那些引人入迷的仙人掌和各种沙漠植物、物态，又学习有关土拨鼠的知识。她观看沙漠日落，还寻找海螺壳，这些海螺壳是几万年前、这沙漠还是海洋时留下来的……原来难以忍受的环境变成了令她兴奋、留连忘返的奇景。

是什么使这位女士内心发生了这么大的转变呢？沙漠没有改变，印第安人也没有改变，是这位女士的观念改变了，意识改变了。一念之差，使她把原先认为恶劣的情况变为一生中最有意义的冒险。她为发现新世界而兴奋不已，并为此写了一本书，以《快乐的城堡》为书名出版了。她从自己造的牢房里看出去，终于看到了星星。

因此，在未来的人生路上，无论命运把你抛向何种险恶的境地，你都要毫无畏惧，用你的笑容去对付它！你可以用一个新的角度，来看待一些一直让你裹足不前的经历。你可以退一步，想开一点，然后你就有机会说："或许那也没什么大不了的！"

所以，任何一个渴望成功的人，在奋斗之前请修炼好自己的积极心态，这样，在追求人生目标的路途上，你才能做到无论遇到什么事都能坦然面对。

使你感到悲伤的，一般都是过去的失败，过去难以磨灭的痛苦记忆，可能你也深知，只有放下悲伤才能快乐，但你的内心始终难以从过去的悲伤中跳出来。既然如此，你不妨从反方向思考一下，过去的已经过去，一味地沉溺在过去的悲伤中，不是也无济于事吗？所以，忘记过去的成功与失败吧，给自己一个全新的开始，这样你便会从未来的朝阳里看见另一次成功的契机。记住，无论你在人生的哪个时刻，哪怕被命运甩进黑暗，也不要悲观、丧气，这时候，你体内沉睡的潜能最容易被激发出来。放下痛苦才能赢得幸福，放下烦恼才能赢得欢乐！

因此，抛却那些伤心的往事吧，抛却那些失败后的懊恼吧，若想开心地生活，就必须勇于忘却过去的不幸，开始新的生活。莎士比亚说过：“聪明的人永远不会坐在那里为自己的损失而哀叹。他们会用情感去寻找办法来弥补自己的损失。”

总之，快乐的人总会给自己创造快乐，悲伤的人也总让自己变得悲伤，不是生活让你怎么样，而是你使得生活怎么样。我们每个人都有自己的快乐，只是需要你去找到它。

笑对人生，不管一切如何

著名心理学家艾克曼曾经做过一个实验，实验的结果表明一点：一个人如果总是想象着进入某种情境之中，或者让自己去感受某种情绪，那么，这种感受就真的会出现。这个研究也表明，潜意识会执行我们的心情指令。所以，对于悲观的人来说，如果能选择快乐，就真的能快乐。为此，人们常说：“应该笑着去面对人生，不管结果如何。”这也正如一位政治家所说：“要想征服世界，首先要征服自己的悲观。”一个心态积极的人可在茫茫的夜空中读出星光的灿烂，增强自己对生活的自信；一个心态消极的人则会让黑暗埋葬自己，而且越埋越深。

要用乐观的态度对待人生，就要微笑着对待生活，微笑是乐观击败悲观的最有力武器。无论命运给了我们怎样的“礼物”，都不要忘记用自己的微笑对待一切。只有微笑着，生命才能将利于自己的局面一点点打开。

1985年9月19日清晨7时19分，墨西哥西南岸外太平洋底发生8. 1级强震，震波约2分钟到达墨西哥城。顿时，该城整个大地突然剧烈颤动，仅仅90秒钟的时间，市中心30%的建筑物便化为瓦砾。在这次地震前的几小时，可爱的胡安娜·哈斯敏·阿利亚斯出生了，在那场灾难中，她失去了妈妈；但同时她又很幸运，她是当年警察和士兵们从墨西哥城华雷斯医院废墟里救出的第一个孩子。

爸爸因为无法承受失去妻子的痛苦而和年幼的胡安娜疏远。一直以来，她都住在自己的姨妈家中。但当别人问胡安娜“那场灾难让你失去了母亲，你有什么想法”时，胡安娜并不会觉得被又一次触碰了伤疤，她从没觉得自己和身边的其他人有什么不一样。对她而言，抚养她长大的姨妈给了自己全部的爱，她就和母亲一样。妈妈能给予的，姨妈也毫无保留地给予了她。

长大后胡安娜接受了墨西哥城特意成立的一个专门的心理医生小组的治疗，积极的心理治疗让胡安娜跨过了那道艰难的坎。

胡安娜说，正因为知道自己能活下来就是生命的奇迹，所以她要做的就是“朝前看”。后来，胡安娜结束了在墨西哥工业技术研究和服务中心的时尚设计课程，她希望在政府专项帮助“奇迹婴儿”的项目资金的支持下，再去学习英语，并上完大学课程。

的确，胡安娜的心态是值得很多人学习的，灾难已经发生，就不要再回首，当你回头往后看那个绊倒你的坎时，你又会想起以前的不幸经历，之前的伤疤又会被重新揭开，隐隐作痛。把头抬起来，夜晚的天空依然星光灿烂。苦难有时会置人于死地或让人颓废，但有时也会使人焕发巨大的潜能，快速地成长。

我们每个人都要像胡安娜学习，无论你在生活中遇到什么，你都要乐观，抛却那些伤心的往事，抛却那些失败后的懊恼，若想开心地生活，就必须勇于忘却过去的不幸，重新开始新的生活。

然而，生活中，许多人一陷入困境，就变得消极、悲观，甚至一蹶不振，其实，并不是困难打败了我们，而是我们自己打败了自己。我们应传达给潜意识这样的信息：困境是另一种希望的开始，它往往预示着明天的好运气。因此，只要你放松自己，告诉自己希望是无处不在的，再大的困难也会变得渺小。

丰田公司极其重视推销员的自我管理教育。在自己管理自己的方法上，如对工作的认识、建立价值观念、养成计划性、培养实践能力、妥善安排时间、不间断地学习、注意健康、克服工作上萎靡不振的情绪以及如何全神贯注地工作等有关方面的教育，公司都抓得很紧。有一篇文章反映了丰田公司推销员自我管理的真实情况，文中写道：

"我认为所谓的自我管理，首先就是苛求自己。我把一个星期的工作计划分为上午和下午两部分，把要走访的地方6等分。星期一走访葛饰区立石路的1–100号街，星期二走访第101–200号街，星期三……这样一个星期结束以后，就走访完了我所负责的整个地段。我一直把这种做法作为绝对的、至高无上的命令来执行。所谓硬闯和推销管理工作，都安排在每天下午去搞。上午专搞接洽生意或类似接洽生意的工作，从下午4点起，搞交谈、修车等工作。我的工作计划大体上就是如此，并坚决执行——这就是我的推销计划，也就是自己管自己。"

"参加工作的第一年，往往都是我一个人在街道上转来转去，觉得非常难受又寂寞，有时也深感推销工作非常痛苦。可是，每逢这时，我就勉励自己说，自己痛苦的时候别人也痛苦。说老实话，我想如果推销工作是一帆风顺的，也就无所谓自己管理自己了。自己管自己这个问题之所以受到重视，是因为任何人都不能随心所欲地去做事情，因为今天一去不返，人们才这么严格要求。我也经常有精神不振的时候，遇到这种情况，我一定在星期天去登山。当我一步一步地克服了前进中的困难而登到山巅时，那种激动的心情简直就和接受定货、交出汽车时的激动心情完全一样。"

在这两段话中，我们应用心体会这位推销员的话：“我想如果推销工作是一帆风顺的，也就无所谓自己管理自己了。”的确，如果不存在打击与拒绝，那么，也就体会不到成功时的快乐，以这样的信念激励自己，能帮助我们克服内心的很多负面心理。

的确，追求人生目标的这条路，绝不会一帆风顺，生活中既然有挫折、有烦恼，就会有消极的心态和情绪。一个心理成熟的人，不是没有消极情绪，而是善于调节自己的心态，懂得给自己作积极的心理引导。恰当运用这一心理方法，可以给人精神动力。当一个人在困难面前或身处逆境时，自我激励能使他从困难和逆境造成的不良心态中振作起来。为此，正处在困境的你，一定要学会鼓励自己，要摒除那些消极的想法。

凡事多往好处想一想

潜意识理论告诉我们，我们每个人随时随地都在接受暗示，而积极的暗示会被我们的潜意识接受，在重复地暗示后，就会产生积极的心态。而如果给潜意识输送的是负面的信息，就会产生消极的心态。所以，心理学家告诉我们，如果我们遇事都能往好处想一想，就能激发自己的潜能，就能顺利渡过难关。

在我们生活的周围，我们发现，有人生活得幸福美满，有人生活得痛苦；在创业过程中，有人做得风生水起，有人却怎么也不见起色。如此大的差别究竟从何而来？仔细推敲，我们不难看出，前者拥有积极的意识，他们凡事都往好处想，而后者总是悲观失望。人生短短数十载，困难和挫折都在所难免，我们不能预知未来，但我们可以以一颗坦然的心面对。只要做到积极乐观、永不绝望，就一定能走出逆境。

我们每个人都应该学会在日常生活中培养自己乐观的精神，无论遇到什么事，都不要忧郁沮丧，无论你有多么痛苦，都不要整天沉溺于其中无法自拔，不要让痛苦占据你的心灵。事实上，积极的思维方式在人生事业中也起着重要的作用。而积极的思维方式包括：遇事积极乐观、有理想、努力、怀抱一个感恩的心、善待自己、善待他人等。

推销大师吉拉德的成功，也是源于他相信自己能成功的积极心态。

小时候吉拉德的父亲总是给他灌输一种消极的思想——“你永远不会有出息，你只能是个失败者。”这些思想令他害怕。而吉拉德的母亲却相反，她给他灌输的是一种积极的思想：对自己有信心，你绝对会成功的，只要你想成为什么，你就能做到。从父母那里，吉拉德时时受到两种相反的力量，这两种力量一方面令他害怕，另一方面也让他产生信心。而最终，母亲传输给他的这种思想获得胜利，这就是为什么他能实现自己的梦想。

美国钢铁大王卡内基，少年时代从英格兰移民到美国，当时真是穷透了，正是“我一定要成为大富豪”这样的信念，使得他于19世纪末在钢铁行业大显身手，而后涉足铁路、石油等行业，成为商界巨富。洛克菲勒、摩根也都是满怀欲望，并以欲望为原动力，成为资本主义初期美国经济的胜利者。

我们再来看下面一个故事：

第二次世界大战期间，在德国纳粹集中营，飞扬跋扈的德国士兵要求英国战俘与他们进行一次足球比赛。在这些战俘中，有个叫贝鲁姆的人，他曾经是一名优秀的狙击手。他和所有的战俘都明白，这场比赛是不可能公平的，这只不过是纳粹分子折磨战俘的一种变相手段而已。

果然，在比赛前，这些德国士兵就已经在食物和薪水上克扣起来了，没有充足的体力，英国战俘自然输了比赛，这些德国士兵就借机嘲笑英国人。

但是，就在圣诞节前的一次比赛中，却出现了一次意外，这次比赛完全震惊了在座的所有德国高级军官。比赛前，所有的狱友都节省下了一点面包，然后送给贝鲁姆，这下子，贝鲁姆的体力十分充足。

在比赛刚开始的第三分钟，贝鲁姆的表现就让德国士兵震撼了，他卯足了劲儿，顺利攻破了对方的防守，然后冲入对方的禁区，一脚抽射，首破德国人的大门。

最后，德国队依然胜利了，但是他们所谓的战无不胜的神话却被一个缺少食物的战俘打破了。当然，贝鲁姆肯定逃不过德国军队的惩处，他被秘密处死了。其实，贝鲁姆早就料到了这一点。

一位英国作家曾经多次提到过这个叫贝鲁姆的人，他说，那场圣诞球赛后，贝鲁姆成为集中营中希望和信念的支柱。

五十多年后，英国的一家体育电台播出了这个故事，结果接到了上千个电话，其中有一位老人是贝鲁姆的战友，他说，自从贝鲁姆进了一球后，他就坚信英国必胜。

贝鲁姆为什么能胜利？因为他坚信自己能成功，因此，他是积极乐观的。的确，人的一生就像一场比赛，你不可能总是处于优势地位，有时候你会被淘汰出局，但只要你继续参加比赛，就有希望存在，总会获得让你满意的成绩。天才未必就能富有，最聪明的人也不一定幸福，想要摆脱人生的困境，你要记住让希望的阳光照进心田，要努力拯救自己摆脱困境。

心理学研究发现，一个人若对自己持正面的看法，那么，他就能对自己作积极的自我催眠，就能始终对未来产生乐观的看法和态度，那么，他这辈子不会离幸福太远。因此，我们常常说，成功往往只会青睐那些有积极心态的人。

生活中的人们，你也可能遇到某些困难，遇到某些不顺心的事，你可能会因此变得沮丧。这时应告诉自己，困境是另一种希望的开始，它往往预示着明天的好运气。你只要放松自己，告诉自己希望是无所不在的，再大的困难也会变得渺小。为此，当你情绪消极时，你可以这样暗示自己：“再大的困难，我也能挺过去！”“我就不信我战胜不了你！”

有人说，思维方式决定一切，这话是很有道理的，不同的思维方式会传达给潜意识不同的信息，想法是积极正面还是消极负面，都会改变你看问题的角度，而从不同的角度看问题，结果往往有很大差异，正所谓“横看成岭侧成峰，远近高低各不同。”总之，只要是抱着乐观主义的人，必定是个实事求是的现实主义者。而这两种心态，是解决问题的孪生子！

调整潜意识，好心情是可以“装”出来的

人们的的惯性思维是：人的心态、情绪会导致某些行为。比如，生气时我们会骂人，高兴时我们会开怀大笑等。而实际上，我们也可以反过来思考，我们的行为也会影响心态、情绪，比如，悲伤时我们会哭泣，而我们哭泣的同时，也会引发悲伤的情绪。心理学家提出了一个“假喜真干”的概念，意思就是，你假装自己喜欢做某件事，或从事某件工作，那么，你会真的喜欢起来。

曾经有报道说，日本人为了改变自己压抑的性格，从而有利于与外向的西方人打交道，他们采取了一种训练笑容的方法：他们在下班之前的半个小时里，每人拿起一只筷子，横着咬在嘴里，固定好脸部表情后，将筷子取出。此时人的脸部基本维持一个笑容的状态，在发出声音时，就像是在笑了。

这种看似荒谬的做法却是有科学依据的。心理学家普遍认为除非人们能改变自己的情绪，否则通常不会改变行为。

所以，我们若想获得快乐的话，可以假装快乐，当然，这首先需要我们先调整自己的潜意识，向潜意识传达积极的想法和指令。其实，在生活中我们也可能有这样的体会，如当孩子哭泣时，我们会逗他们说：“笑一笑呀！”结果孩子勉强地笑了笑之后，跟着就真的开心起来了，这就很好地说明了人的内心

的改变将导致行为改变。

美国著名教育家卡耐基提出：“假如你‘假装’对工作感兴趣，这态度往往就使你的兴趣变成真的。这种态度还能减少疲劳、紧张和忧虑。”

娜娜小姐是一位办公室文秘，她的工作就像人们所说的打杂的工作一样，除了要给经理倒咖啡、买早饭，还要处理一堆琐碎的文件，还得抄写和打字，虽然忙碌，却枯燥无味，毫无技术含量，她常被累得精疲力竭。后来她想：“这是我的工作，单位对我也不错，我应该把这项工作搞得好一些。”于是，她决定假装喜欢这份讨厌的工作。一段时间后，她居然发现自己真的喜欢上了这份工作，她发现，她的上司是个很和蔼的人，每天和他一起相处很自在，为他效劳她也很乐意。在处理那些文件时，她更加认真起来，为此，她曾经发现文件中一个数据问题，为公司避免了高达数百万元的损失。因为这件事，她被提升了。现在，她经常超额完成任务，这种心态的改变所产生的力量，确实神妙无比。

从娜娜的工作体验中，我们发现，人的情绪是可以由行为引发的。根据这种观点，人可以通过控制行为的方式来控制自己的情绪。

英国小说家艾略特说：“行为可以改变人生，正如人生应该决定行为一样。”当我们心情不好时，我们可以先微笑，然后多回忆曾经愉快的时光，用微笑来激励自己，这样，你就能“装”出一份好心情。

可能一些人会问，该如何“伪装”出好心情呢？

最常见的一个办法即是，当你在生气的时候，可以找一面镜子，对着镜子努力做出笑容来，持续几分钟之后，你的心情果真会变得好起来。这种方法叫作“假笑疗法”。

实验证明，这种方法很有效。每天早上，如果你能先假笑，那么，接下来的一整天，你都会有好心情。我们来看看世界最杰出的十大推销大师之一的日本销售员原一平是如何练习微笑的：

他曾在日本保险界连续15年获得全年的销售冠军，而他成功的杀手锏之一就是“微笑”，他掌握了38种微笑，曾经为了征服一个顾客，使用了30种微笑。

关于长相，可以说，原一平其貌不扬，他只有1. 53米。和很多保险推销员一样，在刚开始从事这一行业时，他在半年里没有卖出去一份保险。那时候，为了生存，他只得睡在公园的长椅上。

原一平自己知道，单就长相，自己毫无优势可言，但他知道，微笑是获得他人信任的法宝。为了获得这一法宝，原一平开始每天一早就在公园里向每一个所碰到的人微笑，不管对方是否在意或者回报他微笑，他都不在乎。终于有一天，一个常去公园的大老板对原一平的微笑发生了兴趣，他不明白一个吃不饱的人怎么总是这么快乐。于是，他提出请原一平吃一顿饭，可原一平却请求这位大老板买一份他的保险，老板答应了。接着这位大老板又把原一平介绍给许多商场上的朋友。

通过这件事，原一平初次尝到了微笑的魔力。后来，他通过进一步观察，发现世界上最美的笑是婴儿的笑容，那种天真无邪的笑，散发出诱人的魅力，令人如浴春风，无法抗拒。因此，他开始练习微笑。

有一段时间，他练习太入迷，因为在路上练习大笑，而被路人误认为精神有问题。他甚至睡觉时都会“笑”醒，并跑到镜子前去练习。“噢，你看，这种表情正确吗？”他问来到他身旁的妻子。“喂，你有没有搞错！深更半夜爬起来干什么？”“嘘，没什么。”他继续练习。“喏，这个样子好像就对了。”“哎哟，太难看了吧！”“别乱说。现在好些了吗？”“哦，是好看些了。”“这就是痛快的笑啊。”

经过长期的练习，他掌握了38种笑：逗对方转怒为喜的笑，安慰对方的笑，岔开对方话题的笑，消除对方压力的笑，重新修好时的笑，两人意见一致时的笑，吃惊之余的笑，挑战性的笑，大方的笑，含蓄的笑，假装糊涂的笑，心照不宣的笑，遭人拒绝时的苦笑，压抑辛酸的笑，无聊时的笑，郁郁寡欢时的笑，热情的笑，自认倒霉的笑，使对方放心的笑……

他的笑达到了炉火纯青的地步，他可以针对不同的客户，展现不同的笑容。他用微笑表现出不同的情感反应，用自己的微笑让对方露出笑容。

其实，世界上最伟大的推销员乔·吉拉德也曾说："当你笑时，整个世界都在笑。"实际上，微笑给我们带来的，不仅是良好的人际关系和顺心的工作状态，更重要的是，我们在训练微笑的过程中，获得了一份好心情，有了好心情，自然万事如意了。

人生安宁的本源在于潜意识

当今社会，在高压下生活的人们，总是有这样那样的担忧：要是我失业了怎么办？同事不喜欢我怎么办？我好像老了……令人们焦虑的问题实在太多了，而这些负面的想法若一直纠缠着你，还哪有快乐可言！而那些快乐者，他们能始终淡然地面对一切，每天都开心地生活，这是因为他们懂得调节自己的潜意识，懂得将潜意识中那些堆积起来的负面想法清除出去。

的确，我们的潜意识就好像是一个记忆仓库，在我们成长的过程中，所有好的或者坏的、消极的或者积极的片段都会慢慢堆积起来，被潜意识接受，而这些因素都会影响着我们的人生态度，所以，我们只有学会调节自己的潜意识，才能让心真的安宁。

医学教授们认为，心理不健康是导致身体不健康的主要原因。比如，有人在身体不适时，就认为自己得了重病，整天陷入恐慌之中，而其实，他也许只是小病或者根本没有病，是他的恐惧心理在作怪。心病还须心药医，只有消除恐惧，保持心理的健康，才能让身体也健康起来。

唐代僧人曾作一偈：“身是菩提树，心如明镜台。时时勤拂拭，勿使惹尘埃。”实际上，任何一个人，行走于世的时间长了，他的身心都难免会沾染上尘世中的尘埃，如果不停下来好好清理自己的心灵，那么，他的心很容易堆满灰尘。我们身边有很多活得洒脱、快乐的人，他们的共同特质在于，无论外界多么嘈杂，他们总会在自己的心底留一片净土。

那些真正心静的人，崇尚简单的生活，极少抛头露面，这一切换来的是他们对人生，对社会的宽容、不苛求和心灵的清净；他们像秋叶一样静美，淡淡地来，淡淡地去，给人以宁静，活得简单而有韵味。

我们再来看下面一个白领女性的微博：

夏日的晚上总算还是清凉的，看着熟睡的孩子和老公，我端起一杯冰柠檬茶，打开电脑，忙了一天，终于可以找找自己的娱乐。

我习惯先看自己的微博，今天，不知道朋友、同事身边发生了什么样的事，看完微博后就一目了然了。看来，微博已经成了现代人互动和联系的一个重要平台，我们也已经习惯了在这里互相问候、谈谈自己的家庭琐事。

有时候，觉得自己很累，尤其是白天繁重的工作压力和孩子的吵闹声，使我觉得结婚对于我来说是个错误，但只要看到熟睡的家人，我的心又多了一份安宁。

其实我是爱好文字的，夜深人静的时候，我总喜欢写一些无关痛痒的东西，只要一下笔，心中所有的郁闷情结就都不见了，老公也曾说我的文笔不错，问我要不要写本书。其实，我觉得，文字只是记录心情而已。

对于生活，我总是抱着知足常乐的心态。太多的幻想都不太切合实际，过好当下的生活最要紧。所以，无论是微薄的薪水，还是全家五口人挤在八十平方米的房子里，我都觉得无所谓，我更不会去羡慕他人的大房子、他人的社会地位等。朋友都说，我这人看得透彻，其实，我想说的是，如果我们都能在夜深人静的时候，好好想想自己要的到底是什么，也许我们都能得到答案，也就没有了那些浮躁之气。

诸葛亮说：“非澹泊无以明志，非宁静无以致远。”一个人，只有沉静下来，才会思考自己，思索人生。相反，假如我们让心随波逐流的话，那么必定流于俗套，随波逐流，为了眼前的浮华而拼命去追逐，去求索，这样的人生非但不能宁静，而且不能淡泊。处于喧嚣的尘世中久了，你会习惯众人聚集的生活，这个时候，你已经再也忍受不了孤独，更谈不上享受孤独了。

那么，生活中的你是否是个容易焦虑的人呢？你是否很容易忧虑？你是否像林黛玉一样多愁善感？你是否因为天气不好而心情烦躁？你是否会莫名奇妙地悲观沮丧？每当周围有人在吵架的时候，即使与你无关，你是否也会变得烦躁、紧张？你是否经常感到惶恐不安？面对众多的选择，你是否总是无所适从，很难下定决心？在回答这些问题的时候，如果你有三个以上的答案都是肯定的，那么，显而易见，你是一个对外部环境非常敏感的人，你很容易受到外物的影响。

尘世中的我们，应该有一份安然、宁静的心境，然而，人世间有太多会扰乱我们心绪的因素，因此，我们需要养成在安静中思考、在独处中倾听内心声音的良好习惯。一个人待着时，你是感到百无聊赖、难以忍受呢，还是感到一种宁静、充实和满足？你要学会为自己建立一个强大的心灵屏障，学会从淡定的生活态度中获取能量。这样一来，外界的消极情绪、负面能量就不能轻而易举地影响到你，你就可以更加平静地生活、工作，变得更加从容淡定。

其实，在这个方面人们应该向新生婴儿学习，虽然他们每天都无所事事，除了吃喝拉撒睡，就是自言自语，但是他们丝毫不会觉得枯燥，更不会着急、焦虑。究其原因，是因为婴儿的心灵非常纯净，就像一张白纸，他们所有的注意力都集中在自己的身心之上。那么，怎样才能使自己更加专注、淡定呢？首先要学会放空，让自己专注于身心。那么，什么叫放空？假如把人们的大脑比喻成一个容器，放空就是把这个容器中使你焦虑不安的事情都忘记，或者把那些使你紧张得夜不能寐的情绪统统释放出去，由此获得淡定、豁达。

第05章

潜意识与情绪：别让你的情绪失控

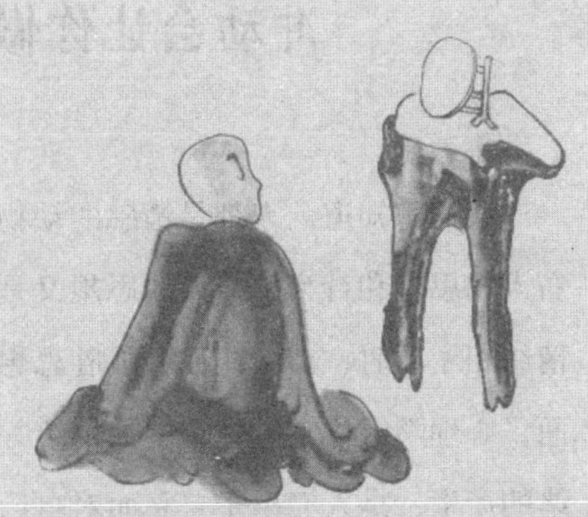

每个人都会对身边的事情产生情绪，人类本身就是情绪化的动物，都有喜怒哀乐，有这样一句俗语：“好的情绪带你进天堂，坏的情绪带你住牢房，甚至住进十八层地狱！”虽然人的情绪是不受限制的，想到哪就到哪，但归根结底产生于人的潜意识中，所以，这就需要我们做到从潜意识控制、转移和放走自己的负面情绪，时时懂得自我调节，保持均衡的生活，让每一天都过得有意义。

冲动会让你做出失去理智的事

我们都知道，人都是情感的动物，所以有各种不同的情绪，人的情绪能左右人的思想和行为，而人的思想又是被潜意识影响的。所以，每个人的思想与情绪相矛盾时，情绪往往会战胜思想，令人做出违背自己本来意愿的事情。然而，心理学家称，潜意识中的情绪并不是真实的，不是本身就存在的，负面情绪的产生，是人们出于自私而对自己的保护。所以，这种负面情绪如果得不到释放和化解，将会产生各种负面的作用。这些负面情绪中，就包括了冲动。人们常说冲动是魔鬼，冲动的破坏力由此可见一斑。

然而，不少人的情绪常常会被周围的一些人和事影响，有些人甚至是情绪化的，他们的情绪似乎总是不受自己控制，于是，他们起伏于这种恶性失衡之中，常常陷入自相矛盾的境地，失去正确的判断力；而那些成功者则能做到自控，无论外界怎么变幻，他们总是能以理智的心态面对，有着很强的自律能力。生活中的人们，也许现在的你年轻气盛，容易冲动，但请记住：冲动是魔鬼，会让自己一败涂地，从现在起，一定要做到自制，理智思考并克服自己的情绪。

有这样一个故事：

曾经，有一个经验丰富的高级间谍被敌军抓住了，他立即想到，要想逃脱，就必须装聋作哑。当然，敌军也怀疑他是否真的不会说话。于是，他们开始运用各种方法盘问他，无论是诱惑还是欺骗，他都不为所动。于是，到最后，敌军审判官只好说："好吧，看起来我从你这里问不出任何东西，你可以走了。"

这个间谍心里当然明白，这只不过是审判官检验他是否在说谎的一个方法而已。因为一个人在获得自由的情况下，内心的喜悦往往是抑制不住的，如果他此时听到审判官的话后立即表现得很愉快或者激动起来，就证明他听得到审判官的话，那么，他就等于打自招了。因此，他还是站在原地。最后，这名审判官不得不相信，他真的不是间谍。

就这样，有经验的间谍的生命，以他特有的自制力，保存下来了。

看完这个故事，我们不得不惊叹，多么精明的间谍。俗话说：态度决定一切。这就是说，一个人若情绪糟糕，容易冲动，往往会把一切事情都搞砸。即使遇到了好事和良机，他也会因为不良的情绪，使自己生出无形的压力，使自己的能力无法充分发挥，错过这些机遇。

生活中的人们，我们也要记住，在任何时候冲动都是我们最大的敌人。如果忍耐能化解不该发生的冲突，这样的忍耐永远是值得的。

相传，勾践战败后，他接受了大臣文种的建议，收买了吴国太宰伯嚭，向夫差称臣纳贡求降，越王和王后到吴国给夫差为奴做妾。夫差答应了，并在吴国对勾践夫妻极尽羞辱；勾践在夫差面前一副感恩戴德五体投地的奴才相，嘴里还感激夫差不计前嫌以德报怨，宽宏仁慈。勾践在夫差面前表现得十分恭敬，称自己为贱臣，小心翼翼，百依百顺。夫差要上马，勾践就跪下来让夫差踏在自己的背上。夫差生病了，勾践在夫差面前寝食难安，问病尝粪，嘴里一边吃着夫差的大便，还一边说出自己的忠诚之志："恭喜大王，大王的病就快好了。"

就这样，勾践以自己的忠诚打动了夫差，终于夫差下令让勾践回到越国。勾践回到越国之后，立志要报仇雪恨，他唯恐眼前的安逸消磨了自己的志气，于是在吃饭的地方挂上一个苦胆，每逢吃饭的时候，就先尝尝苦味，并问自己："你忘了会稽的耻辱了吗？"他还把席子撤去，用柴草当作褥子，这就是后人一直传诵的"卧薪尝胆"。

在吴王夫差面前，勾践简直跟奴才差不多，甚至比奴才更卑贱，不仅受到了夫差的百般侮辱，嘴里还感激夫差不计前嫌以德报怨，并自称"贱臣"。这样的姿态，比委曲求全更甚，所受的侮辱和苦难令人难以想象，但勾践一一忍耐了过来。其实，他早就有了复国大计，之所以在夫差面前百般受辱，就是为了赢得夫差的信任，这样自己就可以早日回到越国去施行复国大计。那看似的委曲求全，实则是一个计谋，勾践早已经将整个计划运筹帷幄于股掌之间。于是，这才有了后面"勾践灭吴"的故事。

同样，我们在生活中，也难免会遇上各种各样的事情，遇到事情的时候也可能会冲动，做出一些自己都不知道该不该做的事情，也因此招致许许多多的埋怨！不管遇到什么事情，我们都要先冷静地思考一下，哪怕只是短短的几秒钟，也许结果就会完全不一样了！

总之，人生漫漫，不要让自己输在心态上。心态决定人生，也决定了人的生活方式，懂得自制，能控制自己的情绪，就能远离由冲动带来的一系列恶性情绪反应循环。

从潜意识控制你的愤怒情绪

愤怒是一种大众化的情绪——无论男女老少，所有人都会或多或少地受到愤怒这种不良情绪的毒害。因此，不管在家里，还是在工作中，甚至在与你亲密的人相处的过程中，你都需要对愤怒情绪作调节，从而浇灭愤怒的火焰。美国的一位心理专家说：“我们的恼怒有80%是自己造成的。”而他把防止恼怒的方法归结为这样的话：“请冷静下来！要承认生活是不公正的。任何人都不是完美的。任何事情都不会按计划进行。”这是一种潜意识的调节，积极的潜意识会带领我们做出积极的举动，而消极的潜意识会让我们被愤怒控制，做出冲动的事来。

所以，我们任何人都应从潜意识控制自己的情绪，当遇到了不快的事情、即将要发火时，请告诉自己，如果我原谅他了，我的品质就又提升了一步。如此自然就压制住了要发火的倾向。

其实，聪明人深知，即使生气也挽回不了什么，只会徒增许多怨气；而且，他们知道，心情是可以通过潜意识来选择的，于是，他们选择了不生气。愚蠢的人，他们总是看到事情的表面，遇事喜欢生气，总认为生气是自己的专利，殊不知，时间久了，生气就会成为自己的本性。做一个聪明人，还是愚蠢的人，关键是看你如何去选择。

我们先来看下面一则故事：

曾经有一名政党的领袖正在指导一位准备参加参议员竞选的候选人，教他如何去获得更多人的选票。这位领袖和那人约定：“如果你违反我教给你的规则，你得罚款十元。”

“行，没问题，什么时候开始？”那人答应。

“现在就开始。我教给你的第一条规则是：无论别人怎么损你、骂你、指责你、批评你，你都不允许发怒，无论人家说你什么坏话，你都得忍受。”

“这个容易，人家批评我，说我坏话，正好给我敲个警钟，我不会记在心上。”

“好的，我希望你能记住这个戒条，这是我教给你的规则当中最重要的一条。不过，像你这种呆头呆脑的人，不知道什么时候能记住。”

“什么！你居然说我……”那个候选人气急败坏。

“拿来，十块钱！”

“哎呀，我刚才破坏了你教给我的戒条吗？”

“当然，这条规则最重要，其余的规则也差不多。”

“你这个骗子……”

“对不起，又是十块钱。”领袖摊开双手道。

“赚这二十块也太方便了。”

“就是啊，你赶快拿出来，这是你自己答应的。如果你不拿出来，我就让你臭名远扬。”

“你这只狡猾的狐狸！”

“对不起，再拿十块钱。”

“呀，又是一次，好了，我以后再也不发脾气了！”

“算了吧，我并不是真的要你的钱，你出身贫寒，你父亲的声誉也坏透了！”

“你居然敢侮辱我的父亲！你这个恶棍！”

“看到了吧，又是十块钱，这回可不让你抵赖了。”

这一次，那位候选人心服口服了。那位领袖郑重地对他说：“现在你总该知道了吧，克制自己的愤怒并不容易，你要随时留心，时时在意，十块钱倒是小事，要是你每发一次脾气就丢掉一张选票，那损失可就大了。”

那位候选人彻底服了。

的确，生活中，有些人就像故事中的这位候选人一样，控制不住自己，特别是在不顺心的时候，很容易发怒。实际上，胡乱发脾气根本解决不了任何问题，反而会把事情弄得更糟。

英国著名作家培根曾经这样说过：“愤怒，就像是地雷，碰到任何东西都一同毁灭。”如果你不注意培养自己忍耐、心平气和的性情，一旦遇到导火线就暴跳如雷，情绪失控，就会把你最好的人缘全都炸毁。

的确，我们每个人每天都会遇到一些容易让我们愤怒的事，但是聪明人都擅于以正确的方式排解心中的不快，而不是将情绪传染给身边的人，让他们成为发泄情绪的对象，面对愤怒情绪，我们可以从潜意识进行控制，具体来说，我们可以这样做：

1. 认识自己发怒的原因

当你的情绪稍微冷却下来以后，你可以试着认识自己发怒的原因。你是不是因为同学总是对你的体重或发型冷嘲热讽而气恼不已？是不是你的朋友在你背后说了你的坏话？要预先想好发生这种情况时消除怒气的方法。

2. 使用建设性的内心对话

赫尔明指出：“许多怒火中烧的人不分青红皂白责备任何人和事，什么车子发动不了啦；孩子还嘴啦；别的司机抢了道啦之类。使怒气徘徊不去的是你自己的消极思维方式。”既然想法是导致情绪的主因，那么，如果你是个容易愤怒的人，你就应该加强内心的想法，准备一些建设性的念头以备不时之需。例如：

“我在面对批评时，不会轻易地受伤。”

“不论如何，我都要平静地说，慢慢地说。”

当你能熟练掌握这些灭火步骤时，你就会发现，自己花在生气上的时间越来越少，而花在完成工作上的时间，也就相对地越来越多了。只要你肯去试，一定能看到成效。

3. 不要说粗话

不管你说的是“傻瓜”还是更粗野的词语，你一旦开口辱骂，就把对方列为了自己的敌人。这会使你更难为对方着想，而互相体谅正是消弥怒气的最佳秘方。

总之，生气的情绪，对于我们来说，犹如一颗定时炸弹，将严重影响我们的正常生活，使生活失去原本平和的美丽。所以，我们需要告诉自己：“发火前长吁三口气。”事实上，很多事情都没有我们想象得那么严重。如果我们不学着控制自己的情绪，由着性子大发脾气，不仅解决不了问题，还会伤了与他人之间的和气。

不与争执，学会冷处理

生活中，人们常常会为了一些大大小小的事情生气。生气并不是一种先天性的情绪和行为，而是后天学到的。人们生不生气，可以自己控制和选择，因为情绪是思想的反应，是潜意识的提示。心理学家称，一种情绪就像深藏在潜意识中的一个种子，而潜意识好比一个文件包，你只有进入或者打开它，才能修改它的程序，所以，要改变一个人的潜意识，就要先进入心灵部分。只有通过潜意识来不断释放和化解情绪，才能建立新的潜意识，帮助我们获得好心情。

因此，面对生气、愤怒这些坏情绪，我们首先要做的就是必须让自己冷静下来，也就是冷处理，不给愤怒过多蔓延的时间，这样才有可能打开潜意识这个“公文包”。

我们先来看下面一个生活场景：

母亲：你先把你的房间收拾干净再吃饭。

儿子：我在写作业呢。

母亲：（不悦）我说了——我要你把房间收拾干净。

儿子：（生气）你别管我。

母亲：（生气）你少跟我这么说话。现在就收拾你的房间——马上！

儿子：（暴怒之下把书扔了过去）我说了，你别待在我房间里！

母亲：（非常生气）你敢冲我扔东西！现在你马上给我收拾，不然等着瞧。

可能很多父母和子女之间都有过这样的对话，双方因为一件小事而最后闹得不可开交。其实，这一场景中，如果母亲说："你爱收拾不收拾，反正你得自己收拾。"然后起身离开，恐怕就不会和儿子之间发生如此激烈的"战争"了。

所以，面对愤怒，选择冷处理是有利于问题的解决的。采取冷处理，意味着要控制愤怒的强度和持续时间。如果你总想对付那些引发你愤怒的人或者事物，那你就无法管理好自己的愤怒。只有采取自我控制，放弃不满和委屈，才能做到冷处理，管理好愤怒。

其实，我们的生活中，也有那么一些人，他们整天的情绪几乎没有任何波动，无论别人说什么，做什么，好像都与他们没什么特别大的关系，即使遇到一些令人愤慨的事，他们也是睁一眼闭一只眼。这样的人看似平庸，实际上一点也不平庸，他们对于什么都心知肚明，只是不表现出来，我们永远看不到他的内心。这种人，实际上就是善于控制自己的情绪，善于调节潜意识的人。

那么，具体来说，我们该怎样给情绪降温，进而冷处理情绪呢？你可以这样做：

1. 积极的语言暗示

日常生活中，我们运用语言的情况多半是与人交谈，而其实，语言还有很多其他的功用，其中就包括心理的暗示，语言暗示对人的心理乃至行为都有着奇妙的作用。

为此，当你心有不快，想要通过发火的方式来发泄时，你可以通过语言的暗示作用来调整自己，以使自己的不快得到缓解。达尔文说过："人要是发脾气就等于在人类进步的阶梯上倒退了一步。愤怒是以愚蠢开始，以后悔告终的。"比如，你的朋友做了伤害你的事，你很想找他理论，并将他骂一顿，那么，此时，为了不让事情产生严重的后果，你在冲动前可以告诉自己："千万别做蠢事，发怒是无能的表现。发怒既伤自己，又伤别人，还于事无补。"在一番这样的提醒下，相信你的心情会平复很多。

2. 放松、调整自己

生活中，你总是会遇到一些令你不快的事，憋在心里只会让自己心情更郁闷，此时，你也可以找个发泄的方式，但一定要注意你的发泄是否会影响到他人。因此，最好的方法就是到一个无人的的地方大喊几声，或者去从事一些体力劳动、去操场锻炼身体，当你的这些心理压力通过身体上的能量转换成汗水以后，你会发现，你的心情好了很多，气也顺了。当你生气的时候，你也可以拿出你的小镜子，看看生气时候的你是多么难看，既然如此，不如笑笑，你笑，镜中也笑，苦中作它几次乐，怨恨、愁苦、恼怒也就没有了。

另外，你可能会认为，一个坚强的人就始终不能哭，哭是懦弱的，而事实并不是如此，在过度痛苦和悲伤时，哭也不失为一种排解不良情绪的有效办法。哭不仅可以释放身体内的毒素，还能释放能量，调整机体平衡。在亲人和挚友面前痛哭，更是一种真实感情的爆发。大哭一场，痛苦和悲伤的情绪就减少了许多，心情就会痛快多了。流眼泪并非懦弱的表现。所以你该哭当哭，该笑当笑，但要把握好一个度，否则会走向反面。

3. 自我激励，原谅对方

激励是人们精神活动的动力之一，也是保持心理健康的一种方法。当周围的人让你生气时，你不妨自我激励，告诉自己，如果我原谅他了，我的品质又提升了一步。自然就压制住了要发火的倾向。

4. 创造欢乐法

心绪不佳，烦恼苦闷的人，看周围一切都是黯淡的，看到高兴的事也笑不起来。这时候如果想办法让自己高兴起来，笑起来，一切烦恼就能丢到九霄云外了。笑不仅能去掉烦恼，而且可以调节精神，促进身体健康。

5. 学会做些放松训练

舒适地坐在椅子上或躺在床上，然后向身体的各部位传递休息的信息。先从左脚开始，使脚部肌肉绷紧，然后松弛，同时暗示它休息，随后命令脚脖子、小腿、膝盖、大腿，一直到躯干部休息，之后，再从左右手放松到躯干。这时，再从躯干开始到颈部、到头部、脸部全部放松。这种放松训练的技术，需要反复练习才能较好地掌握，而一旦你掌握了这种技术，你就能在短短的几分钟内，达到轻松、平静的状态。

失去冷静是很容易的，而时时刻刻都能保持冷静却是很难的。从根本上说，保持冷静就是你在愤怒控制住你之前控制住愤怒，也就是有意识地控制情感进而不让其随心所欲地发展。

调整心理状态，从消极变积极

人的心灵有两个主要部分，就是意识和潜意识。当意识作决定时，潜意识则作好所有的准备。换句话说，意识决定了“做什么”，潜意识便将“如何做”整理出来。意识就好像冰山浮出水平线上的一角，而潜意识就是埋藏在水平线下面很大很深的部分。

所以，要想得到快乐，请记住：“每天一早想想你得意的事情，不要将注意力集中在烦恼上。”

现实生活中，我们难免会遇到一些影响情绪的问题，但只要我们积极面对，相信自己能成功，相信自己能获得快乐，那么，我们就能获得成功、获得快乐。

有一天，在某个公交站牌处，一个小女孩和妈妈起了争执。

小女孩有点生气地对妈妈说：“我就要去海边玩，为什么你不让我去？”

妈妈劝她：“不是早说过了吗，今天出太阳了咱就去；但今天没有出太阳啊，而且天气预报说还可能要下雨呢，还是改天再去吧。”

“妈妈骗我，今天出太阳了……”

妈妈笑了起来，问道：“哪里有啊，不要骗人，你说说，太阳到底在哪儿。”

小女孩抬起头来，东看看西瞧瞧，然后指着天空喊：“那不是在那儿嘛。”

“没有啊，那只是乌云而已呀。”

“对呀！”没想到，小女孩一副非常认真的样子，“太阳就躲在乌云的后面呢，等一会儿乌云一走开，不就出来了吗？”

听到小女孩的话，所有等车的人都笑了。

对于积极的人来说，太阳每天都在天空中，有的时候我们看不见它，那是因为它正躲在云的后面；而乌云总有散开的时候，就如人生总有诸多的幸福会接踵而来一样。那么，对你来说，乌云密布的时候，你是怎样看待的呢？如果你也能看到乌云后的太阳，那么，你也就是个积极的人。

事实上，人的潜意识是能选择快乐的，一个人快乐与否，完全决定于他对人、事、物的看法如何，因为，生活是由思想塑造的如果我们多从积极乐观的角度考虑问题，我们就会相对快乐；而如果总是从消极悲观的角度则会悲伤。思维方式和心态最重要。正确的做法就是不断的培养自己乐观的心态，远离悲观，它既是一种生活艺术，又是一种养生之道。

生活中，经常有人说“点头微笑，低头数钞票”“和气生财”“家和万事兴”之类的经验真谛，这些都充分说明了一种因果联系：只有时时保持一种积极的人生态度才有获取成功的希望。我们只有在心里编辑出一道积极的心理公式，才能得出幸福的结果。因为任何人的一生都需要用心来描绘，无论自己处于多么严酷的境遇之中，心头都不应为悲观的思想所萦绕，而应该让自己的心灵变得通达乐观。

生活中的年轻人，无论过去你曾经遇到过什么磨难，你都要学会自我调节，只有这样，你才能在未来荆棘密布的人生道路上，无论命运把你抛向何种险恶的境地，都能做到积极、快乐地生活！为此，可以这样调整自己的心理状态：

1. 相信自己能做到

悲伤是一种消极的情绪，它会让你产生挫败感，使你认为自己什么都做不到；而实际上，很多时候，正当你绝望时，希望就在前方等着你。因此，只要你放下悲伤，以积极的心态去面对生活的挑战，你的生命就会有无限的可能。

2. 相信自己能得到幸福

相信自己能够成功，往往就真的能成功，这是人的心理在起作用。同样，一个人要想获得幸福也是如此。若总想着幸福，就会幸福；总想着不幸，就会不幸。人们常说的心想事成，就是这个道理。

传说，有个勤奋好学的女裁缝，一天去给法官缝补法袍，她不但缝补得很认真仔细，还对法官穿的法袍进行了改装。有人问她其中的原因，她解释说：“我要让这件袍子经久耐用，直到我自己作为法官穿上这件袍子。”这位裁缝后来果真心想事成，成了一名法官，穿上了这件袍子。

总之，我们每个人在生活中都有可能遇到一些不顺心之事，也有可能遇到重大挫折，而积极是生活的一味良药，伤心的时候乐观一点，孤独的时候去寻找快乐，热情而积极地拥抱生活，幸福就会像天使一般无声地降临到你的身边。

内心扭转法始终让你内心充满阳光

我们每个人都有情绪，并且，这些情绪都很复杂，每时每刻都在发生着变化，快乐、激动、悲伤、恐惧、愤怒、忌妒等都可能随时影响我们的心境。事实上，这些情绪都是正常的人应该有的，但面对那些消极的情绪，我们需要懂得从潜意识里扭转，因为潜意识是可以选择的，伤心或者快乐、激动或者平静，都是可以被我们掌控的。因此，心理学家认为，坏情绪并没有那么可怕，只要我们懂得扭转，就能让内心充满阳光。

有这样一个女人，她是单位里别人眼中最“幸福”的女人，她的幸福，并不是因为她漂亮、物质生活充足，而是因为她脸上永远挂着舒心的笑容。刚结婚那年，她身上就发生了一件不幸的事——因为出车祸，她落下了腿部的残疾。但任何一个同事，坐在她的身边就会有一种非常舒服的感觉，因为你会被她的那种温和、乐观的情绪所感染。

残疾对于一个女人来说已经非常不幸了，两个人所组成的家庭里有一部分不完整了，生活中的风风雨雨就可能会“乘虚而入”，但是她的家却是幸福和温馨的。她和丈夫之间的感情很好，他们的生活非常快乐。而这一切都是因为她的心态是平和的，她的人格是独立的。她从来不把自己看作一个残疾人而给丈夫增添更多的心理压力。当丈夫处于事业上的瓶颈期时，她用她乐观的态度鼓励丈夫重新调整，打破僵局，因而获得了丈夫的主动关怀和爱护，这比自己强求来的要真实和自然得多，也更踏实得多。

故事中的这个女人，即使残疾，也选择了让自己快乐、幸福的人生态度——乐观。有本书上说过：“思想……能令天堂变地狱，地狱变天堂。”其实，生活的快乐或是悲伤选择权就在你手中。相信自己能做个乐观的、爱笑的人，相信自己能做个神采飞扬的人，你就能快乐。

日常生活中，丢了钱财，路遇堵车，看起来很倒霉，悲观的人或许会为此懊恼一整天，认为老天对自己不公平，结果十分不开心，并将这种郁闷的情绪带入工作和生活中，这对自己有什么好处呢？反过来，把这些不顺心当作生活中的一部分调料，乐观地看待，你或许会有另外一番心情。如果你能抱着这样的态度，看待生活，还会有什么不开心的事，还会有什么烦恼呢？

的确，乐观就像心灵的一片沃土，为人类所有的美德提供丰富的养分，使它们健康地成长。它使你的心灵更加纯净，意志更加富有弹性。它就像最好的朋友一样陪伴着你的仁慈，像尽职尽责的护士一样呵护着你的耐心，像母亲一样哺育着你的睿智。它是道德和精神最好的滋补剂。

马歇尔·霍尔医生曾对自己的病人说过：“乐观的态度，是你最好的药。”所罗门也曾说：“乐观的心态，就是最强劲的兴奋剂。”

有这样一则堪称“奇迹”的故事：

曾经有一对年过四十的夫妻，他们在进行年度身体检查时，发现自己患了绝症：妻子得了乳腺癌，丈夫患了严重的动脉血管疾病，医生坦言他们只剩下半年时间了。这简直犹如晴天霹雳，他们原本幸福的生活似乎一下子就要破灭了。

然而，这对夫妻并没有就此在哀怨中生活，他们想了想，还有半年时间，足够他们完成这辈子最想做的事了——环球旅行。于是，他们卖掉了他们十年前才还清贷款的房子，并很快就出发了。

在旅行过程中，他们几乎忘记了生病这一回事，格外珍惜每一天，他们仿佛回到了二十年前他们刚结婚的时候，那时候，他们没钱、忙于工作、照顾孩子，但现在他们有机会了，看到他们甜蜜的样子，没有人会想到他们是一对生命即将结束的病人。

五个月后，他们的旅行结束了，按照规定，他们还需要作一次检查。但在看到检查结果时，连医生都惊呆了，他发现妻子的癌细胞已经消失，而丈夫的动脉血管阻塞也好了许多，这个结果让医生感到匪夷所思。

后来，医院就这一对夫妇的情况进行了研究，他们认为这是积极的情绪的作用，快乐的人脑内会分泌一种安多芬，它会增加体内的淋巴球，进而增强对抗癌细胞的能力，让人重新获得健康。

这简直是个奇迹！因此有人说，积极的心态能创造人生，积极的心态是成功的源泉，是生命的阳光和温暖；而消极的心态是失败的开始，是生命的无形杀手。所以我们一定要重视情绪的力量，请察觉每一个情绪背后的意义，它可能是死神的召唤，更可能是改变命运之门的钥匙。

在饱受约束的现实生活中，我们要让心灵快乐地飞翔。苏轼《题西林壁》云："横看成岭侧成峰，远近高低各不同。不识庐山真面目，只缘身在此山中。"看似浅显，其实饱含生活哲理。人人都要面对红尘命运中的各种磨难和悲伤我们身在其中，却可以让心思跳脱其上其外，以怀禅的释然，纳海的胸襟，平和的意绪，坦诚面向过往未来一切莫测的事变。

那么，外面吹着风，你是无奈地拨弄乱发，还是用心品味花草的芬芳？漆黑的夜里，你是缩在屋子的一角，还是走出屋外仰望朗月星辰？一个人的时候，你是觉得无聊寂寞，还是找到心灵中那片宁静的角落？你要做一个乐观的生活强者，还是一位整日抱怨命运的乞丐？真正的裁判是你自己！

转移法调节和消除坏情绪

生活中的你是否遇到过这样的情况：一大早，六点钟的闹钟就把你惊醒，因为八点钟之前你就要到公司，而你还必须得在今天的会上发言，当你为此不安时，家里的猫咪却不小心打翻了你的早饭，你更是火冒三丈，眼看着你就快要失控了；当你好不容易赶到办公室，却发现自己已经迟到了，你的名字已经挂在了迟到者名单上，这月奖金又没了，你心里倍感委屈，生活怎么这么艰辛？

其实，生活、工作中，类似于这样的让你产生负面情绪的事情实在太多，孩子不听话、同事不合作、上司不讲理等，都会成为你情绪的导火索。此时，如果你处理不当，就很有可能造成人仰马翻的局面。

当然，如果一味地压制这些情绪，问题也并不会因此解决，同时，积压在身体内部的负面能量还会不利于我们的身心健康，比如引发头痛、胃病等，所以压抑绝不是面对愤怒的最好方法。

心理专家提出，人的潜意识是所有记忆的仓库，情绪的好坏一旦被潜意识接收，就会产生相应的行为。所以，我们有必要选择合适的方法，把负面情绪从潜意识中放走，其中一个方法就是转移法。

的确，坏的情绪可能使我们变得盲目、冲动、急躁、易怒，生活的常规被改变，人生的帆船在飘摇，于是失落、伤感、沮丧、绝望接踵而至，甚至令我们变得歇斯底里，我们最终被情绪逼进了死胡同。其实，谁都有坏情绪，面对坏情绪，只要我们善于调节，就能及时消除，其中，重要的方法之一就是转移注意力。

玲玲在一家外企工作，平时工作很忙，也难免与客户或同事产生一些摩擦，但她有一套调整情绪的方法，这个习惯得益于一年前的一次事件。

刚进入公司时，她是公司的一名小职员，受到同事们的轻视。

一次，她忍无可忍，决定离开这个公司。临行前，她用红墨水把公司里每一个人的缺点都写在纸上，将他们骂得体无完肤。骂完后，她的怒气逐渐消去，决定继续留在公司。从那次以后，每当心中愤怒的时候，她总是把满腹牢骚都用红墨水写在纸上，然后就会感觉轻松不少，好像一个被放了气的皮球一样。这些纸条一直被她隐藏起来，从不拿给别人看。后来，同事们知道了她这种宣泄怒气的方法后，都觉得她极有涵养。上司知道后，也对她青睐有加。

故事中，玲玲调整情绪的方法值得每个人学习。的确，生活中难免会遇到一些不顺心的事情，不快的情绪如果没有及时得到排解，将会有害身心健康。但是，假如我们凡是遇上不顺心的事情，就将自己不快的情绪发泄到家人或朋友身上，又会伤害身边最亲近的人，甚至影响家庭或同事间的和睦关系。其实，当出现不良情绪时，我们可以将注意力转移到其他活动上去，忘我地去干一件自己喜欢干的事，如练习书法、打球、上网等，从而将心中的苦闷、烦恼、愤怒、忧愁、焦虑等不良情绪通过这些有情趣的活动宣泄出去。

那么，生活中的人们，又该如何转移注意力，分散不快乐呢？

1. 倾诉

倾诉可令人取得内心感情与外界刺激的平衡，去灾免病。当遇到不幸、烦恼和不顺心的事之后，切勿忧郁压抑，把心事深埋心底，而应将这些烦恼向你信赖、头脑冷静、善解人意的人倾诉，自言自语也行，对身边的动物讲也行。

当然，你所倾诉的对象必须要有一定的抗压能力。

曾有专家建议：“无论是朋友，还是亲人，你都可以依赖。但是，你必须找到在你压力大时，真的能帮助你的人。”如果你的朋友的抗压能力还不如你，那么，可想而知，对于你的苦恼，他是帮不上忙的，甚至他的心情也会被你影响。

2. 读书

读感兴趣的书，读使人轻松愉快的书，虽然读时漫不经心，随便翻翻，但一旦被一本好书吸引，则会爱不释手，那么，尘世间的一切烦恼都会抛到脑后。

3. 求雅趣

雅趣包括下棋、打牌、绘画、钓鱼等。从事你喜欢的活动时，不平衡的心理自然逐渐得到平衡。“不管面临何等的目前的烦恼和未来的威胁，一旦画面开始展开，大脑屏幕上便没有它们的立足之地了。它们隐退到阴影黑暗中去了，人的全部注意力都集中到了工作上面。”

4. 做好事

做好事，获得快乐，平衡心理。做好事，内心得到安慰，感到踏实；别人作出回应，自己得到鼓励，心情自然愉快。从自己做起，与人为善，这样才会有朋友。在别人需要帮助时，伸出你的手，施一份关心给人。仁慈是最好的品质，你不可能去爱每一个人，但你应尽可能和每个人友好相处。

每个人都有不良的情绪，这很正常，但我们千万不要将负面情绪压抑在心中，因为一味地压抑心中不快，只能暂时解决问题，负面情绪并不会消失，久而久之，就可能填满你的内心世界，使你的身心越来越疲惫。因此，除了自我调节和消化外，你还应该学会转移情绪，让它尽快释放出来，正所谓“堵不如疏”，这样才能将负面情绪减小到最低程度。

“关”上耳朵，不给意识受刺激的机会

生活中的人们，你是否经历过以下场景：下班后，你需要留下来赶点工作，但同时身为你竞争者的同事却一直在给你打电话，约你去喝 杯。你怎么办？你是继续加班还是经不住他的诱惑？如果你选择后者，那么，这只能说明你是个容易被他人影响的人。那些容易被影响的人，通常也是情绪化的人，他们的潜意识会不断接收到来自外界的刺激，别人的一言一行都会影响到他们，进而让他们内心无法安宁。

那么，如何避免这一问题呢？其实，你应该提醒自己的是，要学会“关上”自己的耳朵，听不到来自于外界的闲言碎语，也就少了情绪上的干扰。我

们先来看看下面的案例：

2009年，他在回归洛杉矶银河队后的首个主场比赛中遭到了球迷的嘘声和抗议，但是“万人迷”贝克汉姆却并不在意，他表示要想让所有人都喜欢自己是不可能的。

赛后接受美国当地媒体的采访时，贝克汉姆表示自己并不在意球迷的嘘声，他说：“我不在乎。你不可能让所有的人都喜欢你。”在当天的比赛中，贝克汉姆用场上出色的表现回击了来自球迷的嘘声。银河队打入的两个进球都和小贝有关，其中一球还得益于他的直接助攻。

就连曾经公开批评过贝克汉姆的银河队球员多诺万也表示：“如果大卫一直保持这样的状态，我确信他最终能赢回球迷的支持。”

可以说，贝克汉姆是一个能坚守内心、不被外界评价干扰情绪的人，的确，正如他说的那样，要想打破他人的成见，我们最应该做的是做好自己，用实力给他们有力的回击。人活于世，就难免会被人评论，其中当然也有一些语言上的伤害，而其实，如果我们能迷糊一点，视而不见，听而不闻，那么，对方必当会因为我们的以德报怨而心生惭愧，进而感念我们的宽容和大度，被我们的胸怀所折服。

有一天，在拥挤喧闹的百货大楼里，一位女士愤怒地对售货员说：“幸好我没有打算在你们这儿找‘礼貌’，在这儿根本找不到！”

售货员沉默了一会儿说：“你可不可以让我看看你的样品？”

那位女士愣了一下，笑了。售货员的幽默打破了他们之间的尴尬局面。

可见，事情弄得很紧张、很严重的时候，如果我们能大度一点，权当没有“看见”和“听到”的话，放下对方不快的言语对我们造成的伤害，便可巧妙地避免麻烦和纠纷。如果那位售货员对于指责也采取一种较真的态度，那对于大家又有什么好处呢？无非是更加激化双方的矛盾。正因为意识到这一点，这位售货员巧妙地批评了那位女士的无礼，从而制止了进一步的争论。

我们工作与生活的世界本身就是个有条不紊、有规律运行的有机体，只要正常运转，一切都会秩序井然，按部就班。就像一台计算机、一架飞机、一台机器，如果操作正常，控制良好，就能发挥它们的正常作用。人的情绪也如同一架机器一样，一旦失控，就不能正常运转，最终会导致人们陷入失败的沼泽。在生活中，那些生气所带来的恶劣情绪会挑拨起内心的冲动，而冲动的结果将会令我们更加生气。这样一来，情绪就会形成一种恶性循环，从此一发不可收拾。若是远离了生气，抑制了内心的愤怒情绪，我们就能到达开心的彼岸。

其实，人生中，只要彼此之间不存在原则上的对立，就没必要争斗，没必要对抗，更没必要老死不相往来。人生需要更多的智慧，人生也必须有智慧和能力解决问题。不以消灭对方或简单暴力结束彼此关系，可以给自己和对方最大的回旋余地，何乐而不为？比如，对待一个长舌妇，以牙还牙就失去了身份；一笑而过、沉默不语也未必不是一种很好的还击方法，必将使之气滞羞愧。

事实上，不少人都有个通病，他们缺乏自控力，常常会被周围的人和事影响。诚然，扰乱你心绪的因素有很多，但你要懂得避开，懂得“关”上自己的耳朵。

总之，每天要保持一份乐观的心态，对世俗复杂环境能避开的就避开，这样就能避开很多烦心事，就能让自己心情愉快！

第06章
与不良潜意识说再见，赶走内心的负能量

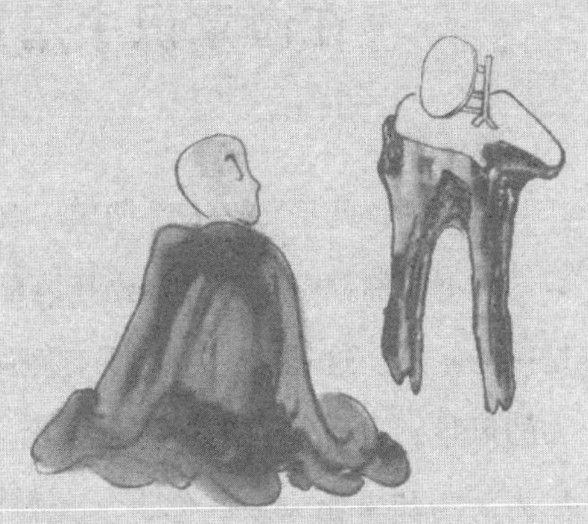

潜意识理论告诉我们，潜意识是没有任何分辨能力的，我们的行为和思想都会逐渐被存进潜意识的记忆库里，而其中就有很多消极的思想。不知道你是否意识到，曾经有多少次，你被自己的生气、害怕、嫉妒和报复等情绪所伤害？这些消极思想都是侵蚀你潜意识的毒药，而人并不是人生就有这种消极态度的，所以，你应该抹去消极的思想，向你的潜意识输入积极向上的思想。心理学家指出，如果我们对不良的潜意识不加以控制，轻则影响到我们的心理健康，严重的甚至会让我们产生心理疾病。所以，我们要学会用积极的思想来代替消极意识，要学会在心中填满正能量。

在潜意识中用正能量代替负能量

生活中，几乎每一人都期望一帆风顺。人们希望的是，哪怕没有鲜花和掌声，也不要荆棘密布，也不要狂风暴雨。其实，这是不可能的。人生，本身就是一场旅途，这场旅途中，既有宽敞的阳关道，也有狭窄的独木桥；既有醉人的风景，也有恼人的苦难。贫穷、疾病、天灾人祸等，你都必须承受：已尽力而为却事业失败，你得承受挫折的磨难；被友人无情背叛，甚或污蔑诽谤，你得承受非议的磨难；真情付出却不能“抱得佳人归”，你得承受失意的磨难……

每当这时，你也许会无比惶惑，你也许会绝望，想到过轻生，想到过放弃，想到过破罐破摔、得过且过……

但不知道你想过没有，我们的一生正是因为磨难的出现才精彩。而且，阴暗的房间，只要打开窗户，阳光就会照射进来。其实，我们的内心何尝不是如此呢？遇到挫折，只要我们将封闭的心打开，阳光就会驱散内心的阴霾。挫折和苦难会让我们感到失落，但我们完全可以通过改变自己，让自己的心重新找到方向，最终实现自己的目标。

然而，由消极转向积极、用正能量代替负能量是需要我们从潜意识中进行调节和选择的，任何负面的想法都是一种表面现象，它是潜意识思考之后的结果。所以，消除这些负面思想，就要从潜意识入手。而潜意识是受制于我们的思想的，所以，只要我们选择积极心态和正能量，我们就会变得正面和积极。

古人说："哀莫大于心死。"一个人最可怕的莫过于心生放弃。这种灵魂的死亡比起躯体的死亡更为可怕。我们唯有激励自我，方可以焕发青春，扬起生命的希望之帆。

雨后，一只蜘蛛艰难地向墙上已经支离破碎的网爬去，由于墙壁潮湿，它爬到一定的高度，就会掉下来，它一次次地向上爬，又一次次地掉下来……第一个人看到了，他叹了一口气，自言自语："我的一生不正如这只蜘蛛吗？忙忙碌碌而无所得。"于是，他日渐消沉。第二个人看到了，他说：这只蜘蛛真愚蠢，为什么不从旁边干燥的地方绕一下爬上去？我以后可不能像它那样愚蠢。于是，他变得聪明起来。第三个人看到了，他立刻被蜘蛛屡败屡战的精神感动了。于是，他变得坚强起来。

的确，对待同一样事物，每个人的看法不同是很正常的事。就像人也有多面性一样，问题在于我们自己怎样去审视，怎样去选择。面对太阳，你眼前是一片光明；背对太阳，你看到的是自己的阴影。

成功和失败之间的区别在于心态的差异：成功者着意亮化积极的一面，失败者总是沉迷于消极的一面。心态是个人的选择，有成功心态者处处都能发觉成功的力量。一个人有了积极的心态，成功就变得容易了。

在哈佛的课堂上，每个学生都会听到关于爱迪生的故事。

他曾经长时间专注于一项发明。对此，一位记者不解地问："爱迪生先生，到目前为止，你已经失败了一万次了，您是怎么想的？"

爱迪生回答说："年轻人，我不得不更正一下你的观点，我并不是失败了一万次，而是发现了一万种行不通的方法。"

正是怀着这份自信，爱迪生最后成功了：在发明电灯时，他尝试了一万四千种方法。尽管这些方法一直行不通，但他没有放弃，而是一直做下去，直到发现了一种可行的方法为止。

事实上，人们驾驭生活的能力，是从困境生活中磨砺出来的。和世间任何事件一样，苦难也具有两重性。一方面它是障碍，人们要排除它必须花费更多的力量和时间；另一方面它又是一种肥料，人们在解决它的过程中得到了锻炼和提高。

磨难，能启迪人的智慧，锻造出成功。没有了磨难的人生是枯燥的，是不完整的。然而，并不是所有人都能正视磨难的作用，也不是所有人都能真正从磨难中有所收获。有的人因此而更坚强，更富有战斗力；而有的人则会因此消沉，甚至堕落，变得麻木不仁。正如一位哲人说过的：磨难对强者是垫脚石，对弱者却是万丈深渊。那么，你的态度呢？

首先，你要选择你的态度。

当逆境到来之时，你可以选择两种截然不同的态度，消极被动地害怕和逃避，或者积极主动地面对和接受。

若心存消极态度，那么，你将被局面控制；若积极主动，你便能反过来控制局面。如果你希望能够通过自己的努力使自己的能力一点点变得强大，同时让自己变得更完美，就必须选择积极主动的态度，如此，逆境这多“浮云”自然会被你驱赶出心灵的天空。

其次，反省自己。

事实已经如此，你无法控制，但你可以控制自己的内心，让自己内心强大起来的方法就是反省自己。你需要问自己的是，为什么这件事不发生在别人身上，而发生在自己身上？我有哪些做得不足的地方？我应该怎样从自己出发，找到一个适当的、合理的方法去改进，从而去影响它？

怀着反省和觉悟的，以及积极的心态回看自己，你就能带着耐心和勇气，一点点地拆开这包裹严实的包装纸，发现里面珍藏的真正的生命礼物。

说到底，决定人心态的是人的价值观、人生观、世界观。一个大气的人才会具有远大的目标，正确的人生观，就是要胸怀宽广，执着进取，挑战自我，不屈命运，坚信自己，积极思考。我们一定要保持良好的心态，即使生活给予我们挫折，我们也要怀着理解的心态给它一个微笑！

悔恨毫无意义，学会原谅自己

有人说，人生像一只口袋，当袋口封上的时候，人们会发现，里面装的全是没有完成的梦想和令人遗憾的东西。但即使如此，我们也不要一味地沉浸在悔恨和遗憾中，因为悔恨毫无意义，我们要做的就是原谅自己，再重新出发。

的确，我们任何人，在人生的路上，都会犯一些错，这些错误也会累积到我们的记忆仓库中，形成潜意识的材料；但我们明天的路依然要走，我们要进步，就必须学会原谅自己，不然潜意识中的自责就会如同一颗毒瘤时不时地干扰你的生活，影响你的人生态度，阻挡你前进的脚步。

所以，在错误面前，你大可不必自责，而应该学会总结经验教训。你要明白的是，反思可以让你成长，但反悔无益于事。你需要做的就是，不断反思自己的过失，在反思中行进悔过。

曾经有这样一个故事：

有一个少年，他在赶路时不小心把砂锅打碎了，可他头也不回继续前行。有人拦着告诉他砂锅碎了，少年却答道：“碎了，回头又有什么用？”说罢继续赶路。

看完这篇故事，我们不由高声为少年的睿智而喝彩。英国也有一句名言：别为牛奶洒了而哭泣。这些都告诉我们：如果你不小心在人生旅途上栽了个跟头，请千万不要沉浸在失败的阴影中，而应调整好自己的状态，继续走好人生的每一步，否则等待你的将会是无尽的失败。

在《郁离子》里有一个故事：

一个年轻人在路上碰到了一位老者，这位老者正坐在路旁哭泣。这个年轻人感到有点好奇，于是上前询问："老人家，您为什么会这么悲伤啊？"

老人抬头看了他一下，回答道："我的命真苦啊！我年少时，当权的皇帝喜欢与武者交往，于是我便拜了一位武者为师。可待我学成之后，那位喜用武者的皇帝已经驾崩了。新上任的皇帝又喜欢文士，于是我又拜了一个秀才为师。待我学成后，新任国王却又喜欢年少者，而我那时已两鬓斑白。就这样，我最后一事无成。现在我走在街上，忽然想起了这些经历，所以才在此痛哭啊！"

这位老者文武俱通，不可不谓是个人才，然而他最终却一事无成，不得不让人叹惋。事实上，人的生命毕竟是有限的，有时候，我们对于某些目标的成功也都是幻想，是不可能实现的，如果你把你毕生的时间都花在了追悔过去上，而不去执行一些实际的计划，当你年迈之时，只能悔之晚矣。只有学会放下那些执念，你才可能充足人生，迎来新的人生。

曾经有两个年轻人失业了，他们来找拿破仑·希尔，想询问他如何才能变得积极起来。他说："我记得刚开始时，我就职于一家信息报道公司，这家公司的待遇并不好，不过我已经很满足了。后来，公司因为业绩不怎么样，不得不裁员，像我这样对公司毫无用处的人自然就在裁员之列了。果然，不久后，我就收到了公司的裁员通知。刚开始，我真是万念俱灰，我失业了，我不知道该怎么接受。但很快，我冷静下来，我发现，离开这个工作岗位是有好处的，因为我不喜欢这份工作，也不会在这个岗位上有什么大作为，我只有离开这儿，才能有找个好工作的机会。果然，不久我便找到一个更称心的工作，而且待遇也比以前好。我因此发现被辞退这件事，不一定是坏事。"

拿破仑·希尔总结说，把失败转变成成功，往往只需要一个想法紧跟以一个行动。我们发现，那些成功者，他们都是勇敢的、理智的，即使遇到了失利，他们也不会退缩，而是能化悲痛为力量，把失利当成提升自己的又一次机会。

尘世之间，变数太多。事情一旦发生，就绝非一个人的心境所能改变。伤神无济于事，郁闷无济于事，一门心思朝着目标走，才是最好的选择。反之，如果跌倒了就不敢爬起来，就不敢继续向前走，或者就此决定放弃，那么你将永远止步不前。

所以，你若想取得进步，就要走出悔恨和自责的心理误区，你应学会勉励自己：“我要振作精神，跟命运搏斗，我要把痛苦化为力量，设法有所建树。”实际上，在失利面前，我们不妨停下来好好想想、歇歇脚步，失利正好给了我们反省的机会，这更利于我们看到自己的不足。

当然，当你犯错之后，总会心情不佳，要化失败为动力，你可以采取以下方法：

1. 仔细分析现状，找到自己的问题，不要怪罪于任何人；

2. 给自己重新制定一份计划，这份计划必须要考虑到前一次失败的原因；

3. 不妨去想象一下自己在获得成果后的欢愉场景；

4. 收起那些曾经让你不快的记忆，它们现在已经变成你未来成功的肥料了；

5. 重新出发。

你可能必须再三试行这五种步骤，然后才能如愿达成目标。重要的是，每尝试一次，你就能够增加一些收获，并向目标更加进一步。

总之，无论曾经犯下多大的错误，曾经有过多少的失误，都不能成为你停下前行脚步的理由，只有收拾心情，尽力走好未来的每一步，我们才会有更美好的明天！

一味地抱怨只会让你的人生陷入泥潭之中

现实生活中的人们，每天都要为生活奔波，每天都要踏入职场，每天都要面临紧张的工作，还需要面临复杂的人际关系，于是，你开始抱怨生活、抱怨上司，抱怨同事，抱怨薪水低，抱怨工作任务重等。不知道从什么时候起，抱怨已经演变成了一场瘟疫。被抱怨包围着的人们，似乎从来没有顺心过，似乎再也遇不到高兴的事。高兴的事情他抛在脑后，不顺心的事情总挂在嘴边。因为抱怨，他们不仅把自己搞得很烦躁，也把别人搞得很不安。而实际上，抱怨对于事情的解决毫无益处，它只会让我们在忙碌中兜圈子；反之，如果我们能心平气和地正视问题，理清自己的思绪，那么，找到解决问题的方法的概率便会大大提高。

我们必须要意识到的一点是，抱怨会破坏我们原本的潜意识。可能你曾经有这样的体会，一旦抱怨，我们手上正在做的工作就会不自觉地慢下来或者停下来，因为你需要时间和精力去为自己鸣不平、讨公道，久而久之，不仅直接影响工作和生活，还会影响心情和心态。而真正的勇者，他们从不抱怨，他们总是能冷静地看待世界，审视自己，最终成就自己。

我们先来看下面的职场故事：

小李高考落榜后，就开始在一家汽车修理厂工作，从他开始工作的第一天起，他就对自己的工作十分不满，他开始抱怨："修理这活太脏了，瞧瞧我身上弄的。""真累呀，我简直要讨厌死这份工作了。""要不是考试中出了点失误，我现在都是名牌大学的学生了。做修理这活太丢人了！"

每天，小李都在煎熬和痛苦中过日子，但他又害怕失去手上这份工作，于是，只要师父不在，他就要滑偷懒，应付手中的工作。

几年过去了，与小李一同进厂的三个工友，各自凭着自己的手艺，或另谋高就，或被公司送进大学进修了，独有小李，仍旧在抱怨声中，做着自己蔑视的修理工。

可见，身处职场的我们，无论正在从事什么，要想取得成绩，就必须要拿出全部的热情。如果你也像小李那样鄙视、厌恶自己的工作，对它投注“冷淡”的目光，那么，即使你正从事最不平凡的工作，你也不会有所成就。

因此，工作中，无论是出现了问题还是为了取得更好的成绩，我们都不能一味地抱怨，抱怨只会让我们失去动力，让事情继续恶化。要永远记住一点，我们的最终目标是解决问题，而不是发泄情绪。

事实上，没有一种令人十分满足的生活、工作模式，有不满意就容易产生抱怨。如果我们动不动就抱怨，而不是以一种积极的心态去解决问题，那么，这就等于拿石头砸自己的脚，于人于己于事都毫无益处。所以，每个人都应该认识到：拥有一份工作，是实现自己人生价值的方式之一，这本身就是最大的幸福，哪有那么多可抱怨的呢？

生活中的人们，可能现在的你每天为生活奔波，生活、工作压得你喘不过气来，你开始抱怨生活、抱怨上司、抱怨家人。但其实，有压力，才有动力，压力带给我们的不仅仅是痛苦和沉重，它还能激发我们的潜能和内在激情，让我们的潜能得以开发。如果说，人一生的发展是不易反应的药物，那么压力就是一剂高效的催化剂。它不是鼓励你成功，而是逼迫你成功，让你没有选择不成功的余地。它带给人的，不仅仅是痛苦，更多的是一种对生命潜能的激发，从而催人更加奋进，最终创造出生命的奇迹。

卡耐基曾经遇到过这样一个女士：

这位女士一见到卡耐基，就开始抱怨。先是他的丈夫，她说她的丈夫不好好工作；接下来，她又开始抱怨她的孩子，说她的孩子不好好学习。总之，她有很多不满意的地方。等她抱怨完了，卡耐基对她说：“这位女士，您太追求完美了。”当她听到这句话后，非常吃惊地看着卡耐基，过了好一会才说：

“卡耐基先生，您认为我非常追求完美吗？可我并不这样认为啊！而且像我这样相貌也不好、学历也不高的女人，是根本不会去追求完美的。”

卡耐基说：“您刚才跟我介绍过你的情况，你想想看，你的丈夫现在才三十几岁，却有了自己的公司，这已经是成功人士了，你为什么还认为不够好呢？而您的儿子，他才小学四年级，每次也能考个不错的成绩，您又为什么不满足呢？这不就是在追求完美吗？”听了卡耐基的话后，那位女士很长时间都没有说话，最后接受了卡耐基的说法。

其实，生活中有很多这样的人，他们总是对生活现状不满，总是不断追求完美，有的人表现为对自己要求特别严格，而另外一些人则对别人非常严格，他们的共同之处，就是看不到生活中美的一面，他们的脸上总是愁云密布。其实，如果他们能转个角度，那么，生活中便处处充满美好。就如上文中那位女士一样，在卡耐基的点拨下，她看到了“丈夫事业有成”，“儿子学习成绩不错”这两点。

不难发现，认为自己可以获得更多，总是苛求生活，是导致人们不快乐的主要原因之一，有些人总要按照一个不切实际的计划生活，总是跟自己过不去，总认为自己时机未到，所以整天都闷闷不乐。

总之，如果你想成为一个快乐的人，你就要看到生活中美好的一面、懂得满足，只有这样，你才能在工作生活中感到开心、满足、有滋有味。

摒弃“不可能”的意识，敢做才能做得到

曾经有这样一个故事：埃及人想知道金字塔的高度，但由于金字塔又高又陡，测量困难，为此他们向古希腊著名哲学家泰勒斯求救，泰勒斯愉快地答应

了。只见他让助手垂直立下一根标杆，不断地测量标杆影子的长度。开始时，影子很长很长，随着太阳渐渐升高，影子的长度越缩越短，终于与标杆的长度相等了。泰勒斯急忙让助手测出金字塔影子的长度，然后告诉在场的人：这就是金字塔的高度。

那么，生活中的人们，你们的人生的高度该怎样来测算呢？实际上，无论现在你处于什么样的境况，只要你不甘于现状，并积极为未来思考，寻找出路，就没有什么达不到的目标，你要相信自己，你有资格获得成功与幸福！

其实，我们也知道，人的行为是由潜意识决定的，而潜意识执行的是我们的思想，如果我们在思想上对自己设限，我们就不可能有很高的成就。

的确，生活中，不少人充满理想，但一旦把自己的理想和现实联系起来的时候，他们就认为不可能实现，而这种“不可能”，一旦驻扎在心头，就无时无刻不在侵蚀着他们的意志和理想，许多本来能被他们把握的机遇也在这“不可能”中悄然逝去。其实，这些“不可能”大多是人们的一种想象，只要你能拿出勇气主动出击，那些“不可能”就会变成“可能”。

很多处于贫贱之中的人，为什么终其一生也没能做出什么成就？如果一个人屈服于贫贱，那么贫贱将折磨他一辈子；如果一个人性格刚毅，敢于尝试，不怕冒险，他就能战胜贫贱，改变自己的命运。

美国历史上第一位荣获普利策新闻奖的黑人记者伊尔·布拉格，在回忆自己童年经历时说：“我们家很穷，父母都靠卖苦力为生。我一直认为，像我们这样地位卑微的黑人是不可能有什么出息的，也许一生只会像父亲所工作的船只一样，漂泊不定。”

布拉格9岁那年，父亲带他去参观梵高的故居。在那张著名的吱嘎作响的小木床和那双龟裂的皮鞋面前，布拉格好奇地问父亲：“梵高不是世界上最著名的大画家吗？他难道不是百万富翁？”父亲回答他说：“梵高的确是世界著名的画家，同时，他也是一个和我们一样的穷人，而且是一个连妻子都娶不上的穷人。”

又过了一年，父亲带着布拉格去了丹麦，在童话大师安徒生墙壁斑驳的故居，布拉格又困惑地问父亲：“安徒生不是生活在皇宫里吗？可是，这里的房子却这样破旧。”父亲答道：“安徒生是个砖匠的儿子，他生前就住在这栋残破的阁楼里。皇宫只在他的童话里才会出现。”

从此，布拉格的人生观完全改变。他不再自卑，不再以为只有那些有钱有地位的人才会出人头地。他说：“我庆幸有位好父亲，他让我认识了梵高和安徒生，而这两位伟大的艺术家又告诉我，人能否成功与贫富毫无关系。”

从现在开始，生活中的人们，请你不要为错失良机而叹息，不要因为一时的失败而惶恐，更不要失去了追求更高目标的信念和勇气，你应该有“天生我材必有用”的信心和豪情，充满自信地走向生活！

生活中，失败平庸者多，除了因为心态问题外，还有思维能力的问题，他们在遇到问题时，总是挑选容易的倒退之路。“我不行了，我还是退缩吧。”结果陷入失败的深渊。成功者遇到困难，他们能心平气和，并告诉自己：“我要！我能！”“一定有办法。”因此，我们的思维也需要做到与时俱进。有时候，可能你觉得你已经进入了死胡同，但事实上，这只是你没有找到出路而已。要改变事物的现状就要运用思维的力量，思路一变方法来，想不到时没办法，想到了就非常简单，人的思维就是这样奇妙。

心理学家告诉我们，很多时候，人们不是被打败了，而是他们放弃了心中的信念和希望，对于有志气的人来说，不论面对怎样的困境、多大的打击，他都不会放弃最后的努力。因为成功与不成功之间的距离，并不是一道巨大的鸿沟，它们之间的差别只在于是否能够坚持下去。

因此，我们每个人都应该明白突破自我的重要性，都应该时时刻刻寻求新的变化，并敢于释放自己、改变自己。当然，要做到敢为人先，你还必须从现下的生活和学习中加以练习，为此。你需要做到：

1. 在心理上改变“不可能”的思想观念

任何人想要解决问题，都必须在他的思想中解决问题。这样，问题就不会显得那么令人畏惧。他也会产生更大的信心，深信自己有能力去解决它。

在你进行尝试时，你难免会产生一种“不可能”的念头，比如，认为自己不能解决某道被人认为很有难度的数学题。对此，你必须要从心理上战胜它，只有这样，你才能站在高高的位置上，低头俯视你的问题。

2. 打破现有的安逸假象

一个人不愿改变自己，往往是因为舍不得放弃目前的安逸状况。而当你发觉不改变是不行的时候，你已经失去了很多宝贵的机会。

因此，即使你现在每天衣来伸手饭来张口，你也必须要明白，未来社会，你必须要一个人生存、参与社会竞争，你必须要有随时改变自己、更新自己的意识。

3. 丰富自己的知识结构以开阔视野

人们常常用视野比喻人的眼界开阔程度，眼光敏锐程度，观察与思考的深刻程度等。可以说，视野是不是开阔，是衡量人的综合素质的重要标尺。而视野开阔与否，取决于掌握多少知识，取决于思想理论水平的高低。常言道，学然后知不足。勤于学习的人，能在学习的过程中发现自己的不足，于是想方设法充实自己、提高自己，学到更多的东西，视野也随之越来越开阔，跟上前进的步伐。

所以，任何成功都源于改变自己，你只有不断地剥落自己身上守旧的缺点，才能做到敢为人先，才能抓住第一个机会，才能实现自己的进步、完善、成长和成熟。

割除自卑意识这颗毒瘤

心理学家认为：如果一个人自惭形秽，那他就不会成为一个美人；如果他不相信自己的能力，那他就永远不会是事业上的成功者。从这个意义上说，如果你是个自卑的人，那么，你有必要割除自卑意识这颗毒瘤。自卑形成的原因有很多，比如，我们的外貌、身体缺陷、家庭环境、某方面的能力欠缺等。总的来说，这些负面的想法都会堆积在我们的潜意识中，而潜意识拥有无穷的力量，并且不被你察觉。所以，自卑意识的产生并非一日之寒，需要我们逐步更正，逐步建立自信。

1907年，心理学家A·阿德勒发表了有关由缺陷引起的自卑感及其补偿的论文，而使其名声大噪。

A·阿德勒认为：由身体缺陷或其他原因所引起的自卑，不仅能摧毁一个人，使人自甘堕落或罹患精神病，在另一方面，它也能使人发愤图强，力求振作，以补偿自己的弱点。例如，古希腊的戴蒙斯赛因斯原先患有口吃，经过数年苦练竟成为著名演说家；美国罗斯福总统，患有小儿麻痹症，其奋斗经历，更是家喻户晓之事。有时候，一方面的缺陷也会使人在另一方面求取补偿，例如尼采身体羸弱，于是他弃剑就笔，写下了不朽的权力哲学。诸如此类的例子，在历史上或文学上真是多得不胜枚举。

早先，弗洛伊德已经主张：补偿作用是由于要弥补性地发展失调所引起的缺憾。受了弗氏的影响，A·阿德勒遂提出男性钦羡的概念，认为不论男性还是女性都有一种要求强壮有力的愿望，以补偿自己不够男性化之感。

以后，A·阿德勒更体会到：不管有无器官上的缺陷，儿童的自卑感总是一种普遍存在的事实；因为他们身体弱小，必须依赖成人生活，而且一举一动都要受成人的控制。当儿童们利用这种自卑感作为逃避他们能够做的事情的借口时，他们便会发展出精神疾病的倾向。如果这种自卑感在以后的生活中继续存在下去，它便会构成“自卑情结”。

因此，自卑感并不是变态的象征，而是个人在追求优越地位时一种正常的发展过程。但如果能以自卑感为前提，寻求卓越，那么，我们是能实现自我超越和获得成就的。我们每个人要想获得快乐和成功，第一步要做的就是超越自身某方面不足带来的自卑感。

因此，要想获得他人的尊重，要想获得快乐的情绪，你首先要做到的就是丢弃自卑的坏情绪。

曾有这样一个小故事：

有一个女孩名叫芳，长相平平，在美女如云的班级里，她只是一棵不起眼的小草；成绩平平，无法让视分数如宝的老师青睐；除了会写几首浪漫小诗给自己看，没其他特别突出的技能，不会唱歌，也不会跳舞。芳心里很寂寞，没有男孩追，没有同学愿意和她做朋友。

有一天清晨，她拉开门，惊讶地发现门口摆着一束娇艳欲滴的红玫瑰，旁边还有一张小小的卡片。她迅速地将花和卡片拿到自己的房间，轻轻地打开卡片。上面有几行字，是这样写的：

其实一直以来我都想对你说一声：我喜欢你。我却没有勇气，因为你的一切让我深感自卑。你平静如水的眼神，你优美的文笔，你高雅的气质，让我很难忘记。所以，我只能默默地看着你。——一个喜欢你的男生

芳心怦怦直跳，没想到自己还有那么多的优点，原来自己并不是一个毫不起眼的人啊！从那以后，芳开始主动和同学交谈，成绩也渐渐上升，慢慢地，老师和同学都相很喜欢她。高中毕业以后，她考上了大学，凭着那份自信，她在学校中尽情发挥自己的才能，赢得了许多男生的追求。最后，大学毕业后她找了一份很满意的工作，并且找了一个深爱她的丈夫。

芳一直有一个心愿，就是找出那个给她送花的人，想感谢他让她重新找回

了自信。有一天，无意间，她听到她爸妈的谈话。她妈说："当年你想的招儿还真有用，一朵玫瑰花就改变了她的生活。"

芳不禁愕然，怪不得那字看起来像是故意用宋体写的，但一朵玫瑰花的作用真那么大吗？不，是自信转变了芳的生活。

心理专家指出，人们自卑感的产生，很多时候是消极暗示的产物，也就是说，反过来，我们多给自己积极的暗示，是可以提高自信心的。

自卑不仅是一种情绪，也是一种长期存在的心理状态。有自卑心理的人，在行走于世的过程中，他们的心理包袱会越来越重，直至压得自己喘不过气。他们心情低沉，郁郁寡欢；因为不能正确看待自己、评价自己，他们常害怕别人看不起自己而不愿与人交往，只想远离人群；他们缺少朋友，甚至自疚、自责、自罪；他们做事缺乏信心，没有自信，优柔寡断，毫无竞争意识，享受不到成功的喜悦和欢乐，因而感到疲惫、心灰意冷。

因此，要消除自卑感，首先就需要我们看到自己的独特之处。每个人都是独一无二的个体，没有任何人是一无是处的，自信是一种认知的开始。透过自我观照，我们便能了解自己的专长、能力和才华，这样，我们的自信便会不断储备，自卑也就无处遁形。

如果一个人在社会生活中，把自己看得低人一等，没有价值，那么，他就会产生自卑感，做事缺乏必胜的信心，没有主动性和积极性，最后无论做什么事情都难以保证质量。

骄傲自满只会让你停滞不前

我们都听过"水满则溢"的故事：一个容器若装满了水，稍一晃动，水就会溢出来。一个人若心里装满了骄傲，便再也容纳不了新知识、新经验和别人的忠言了。俗话说“骄兵必败”“骄傲使人落后”，自古便是如此。然而，这样再普通不过的道理，生活中能够引以为诫的人却没有几个，大多数人都只是说一说，从来没有想过要拿它当作一种指导，一种指引自己行为方向的指南针。

从潜意识理论上来说，人的思想指导着潜意识来执行任务，而潜意识不会作任何的分辨，所以，如果我们骄傲自满，思想就会停滞，潜意识和相应的努力也都会终止，也就会让我们停滞不前。而这样的例子是数不胜数，从曾经霸及一时的楚霸王项羽自刎于乌江，到拿破仑兵败滑铁卢，无一不是在用血的教训来验证这句话的正确。正所谓“成由勤俭败由奢，骄傲自满必翻车”，即使你曾经有过辉煌的成功史，也不要轻易骄傲，只有忍耐才能后你取得下一次的成功。因此，那些自负的人，如果你曾经失败了，那么这很正常。

曾经听过这样一个故事，很受启发，无论你多么强大，多么成功，只要心中被骄傲占据，那么，你最终一定会失败。

人生在世，要经历的东西太多太多，成功也好失败也罢，我们都没有必要过于执着，若是因为成功而得意忘形，使自己陷入不利位置，更是得不偿失了。有些人在苦苦打拼的时候，一步一个脚印，踏踏实实地向前走，虽然艰苦却很少出什么大的纰漏。而另外一些人成功了之后，整日沉醉在无尽的喜悦中，忘记了继续努力，忘记了对手的虎视眈眈，最终只能走向失败，这样的人成功得快，失败得更快。

上帝阻挡骄傲的人，赐恩给谦卑的人，如果你也是一个爱骄傲的人，就从现在开始审视自己，改变自己，做一个谦逊的人，一个能够忍耐喜悦冲动，奋发向上的人。

美国有位牧师，第二天要去进行一次隆重的布道演讲，但他踌躇再三，一直找不到合适的讲题，偏偏他的小孩又在边上捣乱。他就拿了一张世界地图，几下将它撕成碎片，交给小孩，说："如果你能将这张地图拼好，我给你两块钱。"小孩高高兴兴地拿过去了。牧师心想：这张地图够孩子忙上几个小时了，自己也正好准备一下演讲。岂料过了不到几分钟，小孩就兴高采烈地跑回来，说地图已经拼好。牧师接过一看，果然，一张完整的世界地图又呈现在眼前，他奇怪地问："你怎么能这么快就拼好了呢？"小孩回答："地图反面是一张人头像，我把人头像拼好了，地图当然也就拼好了。"

从这个故事中，我们发现，人们常常有这样的思维模式：自己小有成就，自己的下属、晚辈一定不如自己。但事实并不是如此，任何人身上都有值得我们学习的地方。

总之，任何人做任何事，都需要自信，但一旦自信过了头，就变成了自负。的确，人与人交往，谈论到某些问题，自然会产生分歧，你应该坚持自己的立场；但若太过自信，也着实会在别人眼里成了狂妄。每个人对"自信"的定义可能有所不同，然而，如果要以中立的立场来谈，"自信"是一种内在的、关乎个人的态度；而"自负"是一种自视甚高并带有轻视他人的倾向，会影响他人，如果到了对他人形成批判与伤害的程度，就称得上无礼的"狂妄"。

别让潜意识中嫉妒这颗毒药害了你

我们都知道，人是生活在一定的社会环境下的，在与人打交道的过程中，很多人都会不自觉地与周边的人作比较，比较之下，就容易产生嫉妒心理。诚然，我们应该肯定好胜心会给我们带来前进的动力，美国著名心理学家布鲁纳曾经指出，好胜的内驱力可以激发人的成就欲望。但如果不能正确地认识竞争，就会导致我人们在相互的竞争中产生嫉妒心理。嫉妒过于强烈，任其发展，就会形成一种扭曲的心理：心胸狭窄，喜欢看到别人不如自己，并喜欢通过排挤他人来取得成功。

所以，我们可以说，嫉妒就如同暗藏在我们的潜意识之中的一把利剑，我们随时都会拿它来刺伤自己，刺伤别人，为此，我们需要调整自己的潜意识，将嫉妒从内心清除出去。

有这样一则寓言故事：

古时候有个陶匠，他非常妒忌油刷匠。于是他去跟皇帝说，请皇帝让油刷匠把大象洗干净吧，他可以洗成白色的。皇帝就让油刷匠去把大象洗成白色。油刷匠说，我可以把大象洗成白色，但我需要一个大缸，好把大象放进去洗。于是陶匠就不得不领命去做大缸。但是大象太重了，每当大象踏进那缸，缸就马上碎掉。于是陶匠只能一次又一次地做大缸，不停地做大缸……

日本《广辞苑》为嫉妒下的定义是："嫉妒是在看到他人的卓越之处以后产生的羡慕、烦恼和痛苦。"要知道，嫉妒之心会毁坏友谊，损害人际关系，甚至毁灭生活的安逸。其实，嫉妒心理普遍存在人类社会中，你是否曾经有这种感觉：当你和比自己优秀、比自己强的朋友相处时，会产生心理不平衡——"和他做朋友，感觉自己像个小丑一样，简直是他的陪衬品。"如果你的内心充满嫉妒，那么，这样的友谊，表面上还相安无事，但你的内心已经开始有一块阴云笼罩着，一旦出现一些小事，就会一触即发，两人之间的友谊会消失得无影无踪。实际上，绝对的公平并不存在，如果你不能清除这种不平衡心理，你就不能以一种轻松的心态去面对你的朋友。

黑格尔曾经说过：有嫉妒心理的人，自己不能完成伟大的事业，却尽量低估他人的强大，通过贬低他人而使自己与之相齐。由此可以看出，嫉妒是一种不良的心理状态。对一个人的成长同样是极为不利的。

好胜心过强导致的嫉妒是阻碍我们身心发展的坏心态之一，坏心态包括消极、悲观、自卑、浮躁、骄傲、自大、贪婪、偏执、嫉妒、仇恨等。人们产生好胜心理的原因是多样的，但归纳起来，主要是内部的消极因素和外部环境的消极因素相互影响、相互作用而产生的。

所以，面对嫉妒心理，我们要结合自己的实际情况，找出克服嫉妒心理的心理对策，并有意识地提高自己的思想修养水平，这是消除和化解嫉妒心理的直接对策。

要克服潜意识里的嫉妒，我们需要遵循以下几个步骤：

1. 认识到嫉妒心理的危害

嫉妒之心会毁坏友谊，损害人际关系，甚至毁灭生活的安逸。

2. 评价自己要客观

当嫉妒心理萌发时，或是有一定表现时，如果我们能冷静地分析自己的想法和行为，同时客观地评价一下自己，找出一定的差距和问题，也就能积极地调整自己的意识，控制动机和情绪了。

3. 看到别人的优点

以这样的心态面对比自己优秀的朋友，不仅能学会用客观的眼光看自己和对方，也能弥补自己的不足，这样，就不至于为一点小事钻牛角尖，还能交到帮助自己成长的真正的朋友。

4. 待人友善

对于每一个人来说，人际交往对于你的心理成长和成熟都非常重要。通过与人交往，你不仅能感受到关爱，还能通过他人的评价，及时地弥补自己的不足，并且能督促自己成长。同时，这对排解内心的嫉妒心理也非常有利。

5. 学会接纳自己和完善自己

任何人都不可能十全十美，当然也不会一无是处。因此，你有必要接纳自己并完善自己，所谓的接纳自己，就是既能看到自己的不足，又能看到自己的优点，然后继续发扬自己的优点，改正自己的缺点。当然，这里有一个关键点。你要相信自己是有价值的人，从而全力以赴地去实现自己的价值。

6. 让快乐治愈心灵

你要善于从生活中寻找快乐，就像嫉妒者随时随处为自己寻找痛苦一样。如果一个人总是想：比起别人可能得到的欢乐，我的那一点快乐算得了什么呢？那么他就会永远陷于痛苦之中，陷于嫉妒之中。

7. 适度宣泄

嫉妒心理也是一种痛苦的心理，当它还没有发展到严重程度时，用各种感情的宣泄来舒缓一下是相当必要的，可以说是一种顺势而为的好方式。我们可以向好朋友和亲人等，把心中的不快痛痛快快地说个够，求得心理的平衡，然后由亲友适时地进行一番开导。

总之，嫉妒是一把利剑，这把利剑不仅可能会伤到别人，还会伤害自己。它刺向我们的心灵深处，伤害的是我们自己的快乐和幸播。俗话说，“人比人，气死人”，人们在没有原则没有意义的盲目比较中，一旦心理失衡，就会引发嫉妒之心。如果你能放下比较给你带来的枷锁，活出不一样的自我，那么，快乐就会如影随形。

第07章

潜意识与人际：迎合人心就能收获好人缘

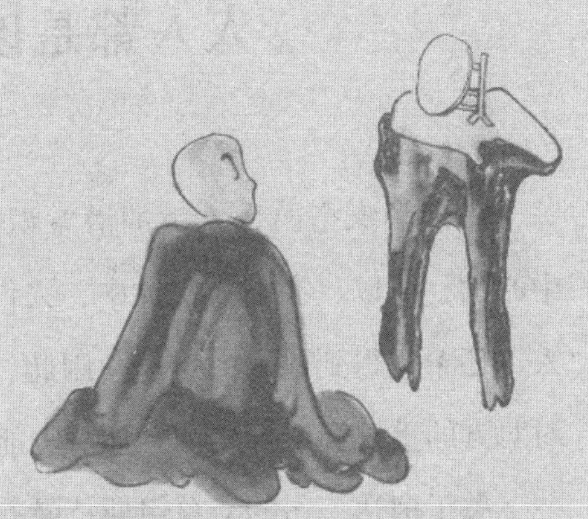

人都是社会性动物，所以，我们必然要与人交往。怎样的交际才是有效的？社交心理学家给出的答案是：在人类的行为中，有个不被很多人了解的重要的法则，这一原则就是要迎合人心。而在人类的潜意识中，有很多被我们忽视的天性部分，比如，人们都希望被尊重、被认同、被赞赏等。假如我们能遵循这些法则，那么，便不会招致祸端，还会得到很多的快乐、友谊；但是一旦这一规则被破坏，麻烦便随后而至。

人人都是以自我为中心的

心理学家指出，人类的潜意识中，都有这样一个特点：人都是以自我为中心的，所以，在与人交往中，人们都希望得到他人的认同，那些能力突出的人，还希望得到他人的崇拜。因此，人际交往中，如果从这一点入手，多表达对对方的重视和崇拜之情，你一定能打破对方的心防！

关于柯达公司的老总伊斯特曼有这样一个故事：

胶片的发明让伊斯特曼成为了当时世界上最著名的商人之一，后来，为了纪念他的母亲，他要在洛克斯达城捐造“伊斯特曼”音乐学校和“凯伯恩”剧院，这自然需要购进一批座椅。纽约一个叫艾特森的座椅制造商很想得到这笔订单，于是，他好不容易得到了和伊斯特曼预约见的机会。

这天，当他来到伊斯特曼的公司后，一位工程师告诉他，伊斯特曼很忙，每次接受这样的约会的时间不能超过五分钟。当然，艾特森并不准备花费伊斯特曼先生很多时间。

当他被工程师领进伊斯特曼的办公室时，他看见了忙碌的伊斯特曼先生的桌子上堆满了文件，即使他已经意识到了有客人来了，也只是头也不抬地说：“早安！先生，有什么事情吗？”

工程师介绍完艾特森的来意后，艾特森说道：“伊斯特曼先生，当我在外面等着见你的时候，我很羡慕你的办公室，假如我有这样的办公室，我一定很高兴地在这里面工作，你知道我是一个本分的商人，从来不曾见过这么漂亮的办公室！”

伊斯特曼答道：“你使我想起一件几乎忘记了的事。这房子很漂亮是不是？当初才盖好的时候我极喜欢它，但是现在，有许多事忙得我甚至坐在这里几个星期也无暇看它一眼。”

艾特森走过去用手摸壁板，说道：“这是英国橡木做的，不对吗？和意大利橡木稍有不同。”

伊斯特曼答道：“对，那是从英国运来的橡木。我的一个朋友懂得木料的好坏，他为我挑选的。”随后伊斯特曼领着艾特森参观了他自己当初帮助设计的房间配置、油漆颜色、雕刻工艺等。

当他们在室内夸奖木工时，伊斯特曼走到窗前，非常亲切地表明要捐助洛加斯达大学及市立医院等机关一些钱，以尽心意。艾特森热诚地称许他这种古道热肠的慈善义举。

两个人接着谈了许多生活中的、工作中的、商业中的事，艾特森总是适时地表达着自己的赞叹。他们的谈话远不止五分钟。艾特森不仅得到了那笔座椅合同，还与伊斯特曼成了好朋友。

艾特森为什么能打破伊斯特曼日常会客的惯例，让谈话远不止五分钟并和伊斯特曼成为好朋友呢？原因很简单，因为他懂得投其所好。在见到伊斯特曼之初。他并没有直接道明来意，而是先以诚恳的态度赞赏伊斯特曼的办公室，把伊斯特曼从繁忙的工作中带出来。然后，他再就伊斯特曼的善举进行赞美，进一步拉近了与伊斯特曼的距离。

我们都知道，人际交往的根本目的是为了达成意见的一致，而如果我们能从人们的潜意识入手，一定能做到事半功倍。事实上，真正会说话、懂说服技巧的人都懂得对对方表达重视，让对方感到自己很重要，这样便满足了对方以自我为中心的心理，也就打开了交际的大门。

的确，我们每个人都希望获得重视，希望被人认可，希望成为焦点。因此，与人打交道时，我们应满足对方的这一心理，具体说来，我们应做到:

1. 说话时态度不妨诚恳一些

每个人都有心理戒备，尤其在没有确定对方的友善之前。如果你在开始时太过高调，往往会堵住和别人建立平等互信关系的大门，更别指望对方接受你的观点和建议了。

2. 不要轻易卖弄自己的才华

也许你确实是一位出类拔萃的人，你的学历高，技术硬，因而鹤立鸡群；也许你所要说服的人无法与你比肩，但即便如此，在说话的时候也千万不要卖弄你的才华，否则你根本不可能让对方真的认同你的想法。

3. 重视对方说的每一句话

沟通的目的在于交流意见、达成共识，只有重视对方说的每一句话，才能同样赢得尊重。

4. 重复对方的话和对方的名字

可能有些人会问，这是为什么呢？其实很简单，重复对方的话，表明你很在意对方的感受，听进去了他的想法。而不断地称呼对方的名字，往往会使才认识的人产生彼此已经认识了很久的错觉。

5. 承认对方的能力

这是一种心理策略，因为任何人都爱听赞美与肯定的话。为他人叫好，并不代表自己就是弱者。为他人叫好，非但不会损伤自尊心，反而会让对方接纳你，进而接纳你的想法。

6 .委婉表达你与之不同的想法

与对方交流、表达对对方的重视都是为了让对方接受你的观点，而如果在沟通过程中你得理不饶人，只会事与愿违。为此，你不妨采取一些委婉的方式，来表达自己的观点。当然，言语委婉并不容易做到，这不仅需要你懂得如何运用语言，比如，语气、词汇、句式等，还需要你做到思维敏捷，根据具体的语言环境运用不同的语言。总的来说，把话说得好听一点、委婉一点，往往比直言快语更能起到效果。

谁都有被尊重的需要

心理学家研究表明，在人类的潜意识之中，每个人都有一种被需要、被尊重的渴望，被尊重可以说是人的最基本的需求。尽管我们平时没有把这一点放在嘴上，但在我们潜意识仓库中，是随时能找出关于这一方面的案例的。比如，小时候，因为小伙伴说了一句被你听成是侮辱自己的话，你会为此生气。所以，我们在与人打交道的过程中，也要满足对方潜意识中被认可、被肯定的需要。只有你需要、尊重别人，别人才会同样地需要你，尊重你。这是建立和谐的人际关系的前提和基础。

一天，唐伯虎游玩到西湖之时，已经又累又饿的他，在西湖边某酒楼里吃了一顿午饭，但当他找来店小二准备结账时，发现身上的钱袋居然丢了。吃饭没带钱，唐伯虎居然遇到这种糗事，他急得一头汗，“啪”，他打开手中扇紧摇慢扇……看到扇子他来了主意：“就凭我的画，怎么着也得值几个金元宝。”没想到，店小二根本不识货，也不知道站在自己面前的就是唐伯虎，而店老板不在，他也做不了主。唐伯虎一时来了气：“我今天还就不信活人能被憋死！”他吆喝起来：“谁买扇？”

这时，旁桌一个富态的中年人走过来，一把拿过唐伯虎的扇子，然后很轻蔑地说：“画的什么呀这是？一文不值。”之后便随手扔在地上。唐伯虎此时已经是相当郁闷。

看到这里，在场的一个知识分子实在忍不住了，他原本只是打算为一个沦为乞丐的食客打抱不平，看到扇子却眼前一亮："天呐，这不是唐伯虎的墨宝吗？"再看这个食客，果然是唐寅，因为一个文人的气质是与众不同的。这位知识分子激动而又景仰地向大家宣布："诸位，这位就是江南第一风流才子唐伯虎！"所有人都惊喜不已，又是抢着与唐伯虎搭讪，又是争购伯虎之扇。

此时，得到解救的唐伯虎自然是感激涕零："这扇子我谁都不卖，只给他！"

受宠若惊的知识分子连忙笑着说，我这兜里只有10两银子，买不起买不起！唐伯虎说："别，别，我只收您5两，多了还不要。"

刚刚那位嘲弄唐伯虎的富商一看这阵势，知道自己有眼无珠，没认出大名鼎鼎的唐伯虎，只好赔礼道歉："算我瞎了眼，您的画那是天下罕见的精品，您喝，喝！"说着把唐伯虎灌了个醉意朦胧。酒酣之际，富商说："您还是将扇子卖给我得了，我多出价钱！高他200倍！"

唐伯虎当然不会答应，于是，只说了两个字："没门！"

富商很是不快，露出本来面目："你吃了我的，喝了我的，就白吃白喝啦？"唐伯虎："这饭是你请的，酒也是你请的，又不是我要吃，吃了不就白吃？"引得众人起哄不止。

此时，人群中有人劝说唐伯虎："给我点面子，给我点面子！此人惹不起啊，他是本地四大富商之一。"

唐伯虎："嘿！我还真不知道，既然如此，我就为您当场画一张吧。"

众人赶忙笔墨伺候，唐伯虎让富商转过身，在他后背上刷刷刷几笔完事，然后拉着那位知识分子大步离去。众人看画，更加痛笑不已。富商脱衣一看立马晕倒。

那上面留着唐伯虎的笔墨：王八。

你敬他人三分，他人敬你七分。唐伯虎的故事，给我们一个启示：互相敬重要平等，弱势的人也应当被敬重人格，不知道哪天哪会儿“我敬的人”会报“我”以更有意义的“回敬”。尊重别人不能代表你懦弱，蔑视别人也不能表示你强悍。在人与人之间的交往中，需要理解、信任与尊重。你对他人的尊重，必当换来他人同样甚至更多的“回敬”。

所以，在表达自己观点的同时，你一定不要忘记尊重他人，只有让他人感受到自己是个重要的人，他才会从内心接受你。其实，这是一定的心理原因的，因为人都有一种获得尊重的需要，即对地位、权力、受人尊重的追求，而你若能表达出对对方的尊重，那么，他的这一需要便得到了极大的心理满足。

其实，反过来想，我们每个人也都希望得到同样的礼遇：得到朋友的认同，让别人知道你的价值，希望自己能对别人产生重要的作用。你不喜欢低廉，不喜欢被人虚情假意地恭维，你喜欢真诚的赞美，你希望你的朋友能像前面我们提到的查理·夏布所说的那样称赞你——“真诚、慷慨地赞美他人”。

是的，我们每个人都喜欢那样，所以，在得到这些之前，你需要遵循我们所说的这一法则——你希望别人怎么对待你，你就要怎样对待别人。

也许你会问，那么，我们该在什么地方、在何时这样做？答案是——无论何时、无论何地。

时刻保持微笑，用温情感染他人

卡耐基曾经在他的《人性的弱点》中说过这样一句话：“世界上的任何人，都在努力寻找快乐，但只有一个办法能让我们得到快乐，那就是控制你的思想，因为快乐的获得在于你的内心的喜悦，而不是来源于外界的情况。”所以，我们可以说，人的内心的喜悦是来源于潜意识这一内部环境的，而潜意识是受思想支配的，如果我们能从潜意识愉悦他人，对方也会表示同样的好感。

展示好感的最好方法之一就是微笑。俗话说得好，伸手不打笑脸人，对于别人善意的微笑，我们怎么可能会拒绝呢？卡耐基还曾说，笑容能照亮所有看到它的人，像穿过乌云的太阳，带给人们温暖。行动比言语更具有力量，微笑所表示的是："我喜欢你，你使我快乐。我很高兴见到你。"人际交往中，我们对他人报以微笑，就会让对方被我们的善意和热情所打动，久而久之，他们也会对我们回以微笑。

卡耐基鼓励成千上万的商人，花一个星期的时间，每天24个小时，都对别人微笑，然后再回到培训班中来，谈谈所得的结果。情形如何呢？威廉·史坦哈是好几百人中的典型例子。

"我已经结婚18年多了，"史坦哈说，"在这段时间里，从我早上起来，到我要上班的时候，我很少对我太太微笑，或对她说上几句话。我是百老汇最闷闷不乐的人。"

"既然你要我以微笑的经验发表一段谈话，我就决定试个一星期看看。"

"现在，我要去上班的时候，就会对大楼的电梯管理员微笑着，说一声'早安'，也以微笑跟大楼门口的警卫打招呼；我对地下火车的出纳小姐微笑，当我跟她换零钱的时候；当我站在交易所时，我对那些以前从没见过我微笑的人微笑。我很快就发现，每一个人也对我报以微笑。我以一种愉悦的态度，来对待那些满肚子牢骚的人。我一面听着他们的牢骚，一面微笑着，于是问题就容易解决了。我发现微笑带给我更多的收入，每天都带来更多的钞票。"

"我跟另一位经纪人合用一间办公室，他的职员之一是个很讨人喜欢的年轻人、我告诉他最近我所学到的做人处世哲学，我很为所得到的结果而高兴。他接着承认说，当我最初跟他共用办公室的时候，他认为我是个非常闷闷不乐的人，直到最近，他才改变看法。他说当我微笑的时候，我充满慈祥。”

可以说，是微笑让威廉·史坦哈的人际关系有了巨大的改善。的确，我们每天都要面对烦琐的生活，都要面临工作的压力，我们常常忘记了微笑是什么，该怎样微笑。但如果你想成为一个受人欢迎的人，就不要皱着眉头了，学会微笑吧，让你的笑容感染他人。

很多成功人士也都指出，微笑是与人交流的最好方式，也是个人礼仪的最佳体现，特别对销售员而言，微笑尤为重要。我们可以从日常观察中发现，没有谁喜欢看到与之交往的对象愁眉苦脸的样子。因此，你若希望给对方留下一个好印象，就一定要学会露出受人欢迎的微笑。

在人们的工作和生活中，没有一个人会对一位终日愁眉苦脸的人产生好感。相反，一个经常面带微笑的人，往往也会使他周围的人心情开朗，受到周围人的欢迎。在一般情况下，如果你对别人皱眉头，别人也会用皱眉头回敬你；如果你给别人一个微笑，别人就会用更加灿烂的微笑回报你。

诚然，与人打交道时，在对方的第一印象中，你的衣着打扮很重要，但最重要的是你的精神状态。所以，当你踏入对方的“领地”时，如果你首先让对方看到的是一张阳光灿烂的笑脸，那么，你留给对方的第一印象就会非常好，因为亲切而又自然的笑容永远是受欢迎的。

所以，每次当你外出的时候，要记住：调整一下你的状态，端正你的脸庞，抬头挺胸，让自己精神饱满；呼吸阳光中的新鲜空气；真诚地对朋友微笑，跟他们握手时全神贯注；不要害怕被被人误会，也不要浪费任何时间去思考关于你的仇敌。

可能你会产生疑问，天生木讷的人，该怎样学会微笑呢？而且，人是复杂的感情动物，或多或少都会受自己情绪的左右。当工作有障碍的时候，当心绪特别糟糕的时候，当误会或委屈的时候，当失意的时候……又该怎样以微笑面对他人呢？对此，我们不妨从以下几个方面努力：

1. 对镜微笑训练法

当你闲来无事时，你可以尝试一下这种训练微笑的方法：先坐在镜子前，整理一下自己的衣服，闭上你的眼睛，调整你的呼吸使之匀速。然后开始深呼吸，让你的心静下来，接下来，睁开眼睛，你看到的镜子里的你是不是清爽了很多？既然如此，就笑一笑吧：让你的嘴角微微翘起，舒展你的面部肌肉。如此反复。训练时间长度随意。这是一种最常见并有效的训练方法。

2. 经常对周围的人发自内心地微笑

你应该注意的是，微笑并不是简单的脸部表情，它应该体现出整个人的精神面貌。所以，我们可以在平时多对周围的人发自内心地微笑。这样，就能避免在与他人沟通时僵硬地笑了。

3. 微笑时要心存友善

只有友好的笑容，才能让他人感受到你的诚意，才是自然的、能感动他人的。人们常说“伸手不打笑脸人”，因为微笑是一种力量，它有一种赢得对方欢心的魅力，可以让你产生无穷的亲和力。

其实，微笑本身和个性的内向与外向无关，只要肯去练习，任何人都能拥有迷人的微笑。

请展现你的微笑吧，当对方看到你真诚、愉快的笑脸时，他们就会体验到一种友好、融洽、和谐的欢乐气氛，并因此而深受感染、乐在其中！

交际中满足对方希望成为重要人物的意识

著名哲学家约翰·杜威说过：“人类本质里最深层的驱动力就是希望具有重要性。”另外，哈佛心理学家威廉·詹姆斯也说了类似的话：“人类本质中最殷切的渴望是得到他人的肯定。”一些人之所以会为有交际障碍感到烦恼，就是因为他们忽视了重要的一点——让他人感到自己很重要。

日常生活中，你是否经常遇到这样的情况：你忘记了某个下属的名字，但某次会议上他却提出了一个建设性的意见，并为你解决了一个大难题。你是不是曾经觉得你的助理毫无用处，而他却在某个关键性的场合为你送去了关键性的资料？你是否……其实，我们身边的某个人都在发挥着不可替代的作用，他们都应该受到重视。我们先来看下面一个故事：

杰姆·费雷是美国历史上一个很有影响力的人，他成功地帮助富兰克林·罗斯福当上了美国总统。但我们可能根本不会想到的是，他从来就没有机会受教育。

年少时候的他在曾在一家瓦窑做学徒，每天烧瓦片，然后置于阳光下晒干。但他并没有听从命运的安排。他的人生就因为能成功记住他人的名字，而发生了巨大的变化。

虽然杰姆从不知道上学的滋味是怎样的，但截至46岁，他已经获得了美国四所大学的荣誉博士的学位，并且，他还是美国的邮政总监，美国民主党委员会的主席。

对此，有人问他成功的原因，杰姆的回答居然是他可以叫出五万人的名字，而这也是他可以帮助罗斯福进入白宫、成为美国总统的原因。这大概就是记住他人名字的神奇效应吧。

在富兰克林·罗斯福开始竞选总统的前几个月，杰姆的工作很多，刚开始的一段时间，他每天需要写好几百封信给西部以及西北的各个州的人。

然后，他需要走访西部那些人。他登上了火车，在19天之内，行程12000公里，足迹遍及20个州，用遍了马车、火车、汽车、快艇这些交通工具。

每到一站，他都会停下来与接见他的人共同进餐，并进行一番亲切的交谈，然后继续他的旅途。

杰姆一回到美国东部，就立即给那些自己曾经遇到的小城镇中的人写信，并请对方帮忙。虽然这些人实在太多了，需要写信的人也实在太多了，但到最后，他们都收到了杰姆的信。并且，这些信中，杰姆都是这样开头的："亲爱的比尔"或"亲爱的杰恩"，而最后总是签着"杰姆"的名字，结果，他的这一做法帮助富兰克林·罗斯福拉取了大量的选票，使其成功地当上了美国总统。

在政界，应该所有人都知道这句话："你能记住选民的名字，这就意味着你能成为国务活动家；而忘记选民的名字，就意味着你将成为被遗忘的人。"其实，这句话不仅适用于政治活动。我们在日常的交往中，记住他人的名字是重视他人的一种表现，重视他人，就会得到他人的青睐。

卡耐基曾经总结过这样一句话："人类行为有一条重要的原则，如果遵循它，它就会为你带来快乐；如果违背它，你就会陷入无止境的挫折中。这条法则就是让对方认为自己是个重要的人物。"的确，在交往中，任何人都希望能得到别人的肯定性评价，都在不自觉地强烈维护着自己的形象和尊严，如果你的谈话过分地显示出高人一等的优越感，那么无形之中是对他人的自尊和自信的一种挑战与轻视。而聪明人则会让自己"低人一等"，巧舌如簧地让对方感受到自己的优越，从而让对方接受他。

那么，具体来说，人际交往中，我们该怎样满足对方想成为重要人物的意识呢？

1. 多提及对方喜欢的事

那些交际能力强的人，往往都有一个经验，那就是多提及对方关心、喜欢或者自豪的事情，因为渴望被人重视是每一个人的心理。为此，我们有必要多花心思研究对方，对他的喜好、品味有所了解，这样才能顺水推舟。

可能你们都迷恋球鞋；提及对方的工作，或许他的工作需要你的支援；提及时事问题，可能对教育与政治的问题你们观点一致；提及孩子等家庭之事，大家都有着一本难念的经；提及体育运动，也许你们都喜欢棒球；提及对方的故乡及所就读的学校，极有可能你们是同乡或同窗……

2. 交流以对方为中心

与人打交道，要明白主角永远是对方，而你必须自始至终完全扮演配角才可以。如果本末倒置，在交流过程中以自己为中心，只是洋洋自得地反复谈论自己的事情、自己的爱好，只管发表自己的看法，而不从对方的角度来考虑，这样难免会引起对方不快，很有可能使谈话提前中止。所以，与人交流时应尽可能寻找彼此间共同关心的问题。

3. 承认对方的能力

一位成功人士说："为他人叫好，并不代表自己就是弱者。为对手叫好，非但不会损伤自尊心，反而会收获友谊与合作。"同时，这也是一种心理策略，任何人都爱听赞美与肯定的话，我们承认对方的能力，有利于消除对方的戒备心，甚至有利于我们从对方那里获得经验教训，从而提高自己，不断提升和完善自我。

4. 重视对方说的每一句话

那些说话妄自尊大，小看别人的人总是会引起别人的反感，最终在交往中使自己走到孤立无援的地步。与人沟通，目的在于交流意见、达成共识，只有重视对方说的每一句话，才能同样赢得尊重。

人生本是一出戏，人与人之间原本也是一场场游戏，游戏自有游戏的规则，想要和谐相处，闯关成功，就必定要遵循游戏的规则。如果有人最先破坏了这一规则，那么他必将在这场游戏中首先出局。其实重视别人很容易，重视了别人，别人也会重视你。

认同和赞赏他人，你也会得到认可

潜意识理论告诉我们，人的潜意识是包罗万象的，不同的人，潜意识之中所含的记忆储存内容是不同的，但是也有一些共同的部分，比如，每个人都希望获得别人的认同和赞赏，而这就是人类潜意识中人的天性。马克·吐温曾说过：“一句得体的称赞能让自己陶醉两个月。”的确如此，当我们获得别人的夸奖之后，不是也反复回味、心情兴奋吗？

我们在处世的过程中，要学会赞美别人，让对方拥有优越感，你的赞美仿佛是一支火把照亮对方的心田，可以消除你们之间的芥蒂。一个会做人的人，也是个出色的演说家。赞美也是一种语言上的人情投资，人情在当今社会中的作用日益凸显，而人情并非仅是指物质上的礼尚往来，还包括情感的交流。“人情”在于“情”，只有情感上达到了共鸣，才拥有了情感交流的前提。聪明人会利用人情上的优势让自己赢得成功，因为朋友多了路才好走。

卡耐基小时候是一个公认的坏男孩。在他9岁的时候，父亲把继母娶进家门。当时他们还是居住在乡下的贫苦人家，而继母则来自富有的家庭。

父亲一边向继母介绍卡耐基，一边说：“亲爱的，希望你注意这个全郡最坏的男孩，他已经让我无可奈何。说不定明天早晨以前，他就会拿石头扔向你，或者做出你意想不到的坏事。”

出乎卡耐基意料的是，继母微笑着走到他面前，托起他的头认真地看着他。接着她回来对丈夫说：“你错了，他不是全郡最坏的男孩，而是全郡最聪明最有创造力的男孩。只不过，他还没有找到发泄热情的地方。”

继母的话说得卡耐基心里热乎乎的，眼泪几乎滚落下来。就是凭着这一句话，他和继母开始建立感情。也就是这一句话，成为激励他一生的动力，使他日后创造了成功的28项黄金法则，帮助千千万万的普通人走上成功和致富的道路。

卡耐基14岁时，继母给他买了一部二手打字机，并且对他说，相信你会成为一名作家。卡耐基接受了继母的礼物和期望，并开始向当地的一家报社投稿。他了解继母的热忱，也很欣赏她的那股热忱，他亲眼看到她用自己的热忱，如何改变了他们的家庭。所以，他不愿意辜负她。

来自继母的这股力量，激发了卡耐基的想象力，激励了他的创造力，帮助他和无穷的智慧发生联系，使他成为美国的富豪和著名作家，成为20世纪最有影响的人物之一。

在继母到来之前，没有一个人称赞过他聪明，他的父亲和邻居认定：他就是个坏男孩。但是，继母只说了一句话，便改变了他一生的命运。

案例中卡耐基的继母是个聪明人，她看到的正是一个坏男孩身上别人没发现的优点，一句赞美，让一个坏男孩成为20世纪最有影响的人物之一。

任何一个人都希望被他人关注和赞美，都希望自己的劳动得到社会的承认，得到别人的理解和尊重。不管你的赞美是否会对他产生影响，有一点是可以肯定的，你的赞美会给他带来愉悦。当你用真诚的语言赞美对方的时候，他会认为你是一个信任并了解他的人，自然就拉近了你们之间的距离，他所回报你的，便是同样的肯定与信任，如此便能焕发出你与他之间相互的热情、友谊和温暖。这样，无形中你就赢得了一个朋友。这无疑是一场最没有风险的情感投资，因为“投桃”必然会获得“报李”。

赞美是一件好事，但绝不是一件易事。赞美别人时如不审时度势，不掌握一定的赞美技巧，即使你是真诚的，也会变好事为坏事。所以，我们在开口赞美别人前一定要掌握以下技巧：

一为真诚。

称赞别人要出于真心，所夸奖的内容应当是对方确实具有或即将具有的优良品质和特点，不要让别人感到你言不由衷，另有所图。如夸奖一位身材矮小者长相魁梧，恐怕真要出现“拍马屁拍在蹄子上”的情况了。

二为具体。

西方有句俗话说：“每天早晨大夸你的朋友，还不如诅咒他。”因此，我们所说的称赞的话都必须是恰如其分的，也就是要具体的，空泛、含混、夸大的赞美是起不到效果甚至会产生反面作用的。实际上，我们赞扬别人时不一定非要挑大事不可，对于别人的一个很小的优点或长处，只要我们能给予恰如其分的赞美，同样能收到好的效果。比如，对于一位你所熟悉的美貌女士，你可以对她说“你真美”，这样她可能会接受你对她的赞美；而如果你对她称赞她的眼睛大而动人或鼻梁挺拔而秀气，则她会更加相信你的赞美出自真心且感激你对她的欣赏。

可见，在处理人情关系的时候，我们要学会赞美别人。真诚的赞美，是你送给别人的玫瑰花，在给予别人的同时，也会在你手上留下一缕清香，使你活得更潇洒、自在而充实。最重要的是，你得到了别人的友谊，赢得了好的人际关系。

满足对方的虚荣心

心理学专家曾指出：所有的人都希望能获得他人的恭维和赞扬，这样才能显得出他们的与众不同，让他们获得足够多的自我认可，长足面子，满足内心的虚荣。为此，我们可以说，虚荣心是人的潜意识心理，是人类共同的天性。人际交往中，如果我们能从这一方面满足对方，定会让对方喜不自胜。我们先来看下面的故事：

某工程机械制造厂的科长与其部属的对话：“小李，你看起来气色蛮好的嘛，听说最近挺清闲的？你看人家小张，多忙！在这个社会上，总是能者多劳的。不过听说你的英文很棒，反正闲着也是闲着，帮我翻译一下这篇稿子，这个礼拜就要！”

“这礼拜？我恐怕要跟你说声抱歉。下星期一我有一个会议，必须准备一些相关资料，所以可能没时间为你翻译，科长不也是大学毕业的吗？我看根本不用托我嘛，反正我正职的工作都做不好，就别说翻译这么重要的事情了。”

“啊，我知道了，算了，不求你也罢。”

这里，科长求人办事的方法实在不对，想找部属替自己翻译，就应当去说服而不是贬低他。科长却拿小李同别人相比，言辞间流露出批评之意，甚至还批评小李工作没做好，如此一来，小李哪还会想替他做事？这实在是糟糕透顶的谈话。事实上，许多人都是这样子，在求人办事的时候，不懂得抬高对方，反而伤害他人的自尊，还一副若无其事的样子。碍于种种情由，对方即使受到伤害，也不至于当场翻脸。但是长此以往，恐怕没有谁会继续忍耐下去。

如果科长像下面这样说话，就不会碰壁了：“小李，你最近有空吗？听说跟你同期的小张最近很忙。知识经济时代，真是能者多劳啊！下周又要开会，你现在一定也很忙吧！我曾听人说你的英文不错，不知能否抽空帮我翻译一下这篇文章呢？是非常重要的资料，急着要的，行吗？”

如此和气的请托，谁会忍心拒绝呢？为什么换一种说法就能令小李的情绪和前例迥然不同呢？这是因为他的自尊心得到了极大的满足。无论是谁，对自身的价值都会有一种自豪、珍惜之情。只有我们尊重这份感情，就能赢得对方的信赖，获得对方的帮助。

可见，无论人际交往出于什么目的，我们都不要总是想着要表现得比对方优越，因为这会令他们形成一种自卑感，甚至对你产生嫉妒心理；反之，如果我们学会示弱，把光彩让给他们，他们就会有一种被重视的感觉。正如法国哲学家罗西法古所说：“如果你要得到仇人，就表现得比你的朋友优越吧；如果你要得到朋友，就要让你的朋友表现得比你优越。”

以前，有个很出名的画家，这天，他和他的弟子们去某画廊看画。接待他们的是一位漂亮的小姐，小姐很敬业，总是亦步亦趋地陪在他们身边，并且不断地介绍画廊的各种字画。

这会儿，画家停在了一副字画前，并一字一句地读上面的诗句，有一张画是用草书题的，大概写得太草了，画家读着读着，突然停住了，应该是不认识这个字。此时，画廊的小姐脱口而出：“您看不出来啊？是意思的意嘛！”只见大师脸色一整，沉声骂道：“这里有你多嘴的份吗？”跟着一转身，怒气冲冲地走出画廊。

画廊小姐的错误之处在于急于表现自己，让画家没面子，因为爱出头而遭人忌恨。

总的来说，虚荣心是人性的弱点。因此，如果我们能在人际交往中，多抬高他人，放低自己，那么，对方心中必会产生一种莫大的优越感和满足感，自然也就会高高兴兴地听从你的建议，从而从心里接受你。

那么，该怎样抬高对方呢？

1. 放低身份，表现自己的良好修养

这一点，在与比自己身份低的人说话时尤为重要。偶尔说一说“我不明白”“我不太清楚”“我没有理解您的意思”“请再说一遍”之类的语言，会使对方觉得你富有人情味，没有架子。相反，趾高气扬，高谈阔论，锋芒毕露，咄咄逼人的姿态，容易挫伤别人的自尊心，引起反感，以致对方筑起防范的城墙，导致自己变得被动。

2. 懂得倾听，并适时反馈

沟通的过程，并不完全是说的过程。我们有说的权利，但每个人都希望被倾听，这是一种自我价值的认定，而我们的反馈则是倾听的最好证明。只有满足对方说的欲望，才会让人对你产生亲近的愿望。

3. 赞美对方，巧化心防

人与人交往，谁都有一定的防备心理。我们若想在初次见面时就成功打破他人的戒备心，并且成功赢得他人的欢迎，可以尝试一下打开人际交往局面的通行证——赞美他人，赞美越是贴切、自然，越是能说到对方心坎儿里，就越能消除几分彼此之间的陌生感。

但是，赞美对方也应该有度，毫无节制的溢美之词只有那些没头脑的人会接受，把赞美之言说得恰到好处才能体现你的真诚，也更容易让人信任。再者，赞美对方还不能泛泛而谈，而应该对焦细节点，越是细节性的赞美，越是能表现你对对方的关注。

在交往中，任何人都希望能得到别人的肯定性评价，都在不自觉地强烈维护着自己的形象和尊严，如果他的谈话对手过分地显示出高人一等的优越感，那么无形之中是对他自尊和自信的一种挑战与轻视。可见，如果我们能满足对方的虚荣心，让对方感觉优越，对方会更亲近于你。

激发他人高尚的动机，让对方无法拒绝你

心理学家称，无论平日里我们是什么样的人，我们都有内心充满正能量的时刻，我们也许会充满自信，第一个交卷；我们也许会在众人瞩目的场合发表自己的观点；我们也许会不计前嫌，给曾经伤害过自己的朋友打个电话；当弱者被他人欺负时，我们也许会主动站出来为其讨个说法……而这些时刻的来临，是因为我们潜意识深处的高尚的动机被激发了。哲学家尼采曾说：“某天，你会突然邂逅高大的自己。不是平日里的自己，而是更清澈、更高级的自己。在那一瞬间，你会如受到恩宠一般察觉到高大自我的存在。请珍视那个瞬

间。”我们可以说，人类潜意识深处都是深藏高尚的动机的，所以，在与人交往的过程中，如果我们能激发对方的这一动机，是能求得对方帮助来达成我们的愿望的。

汽车巨头亨利·福特公司的贸易业务很忙。他们的桌子上总是堆满了各种催账单。福特每次都是大概看一眼后，就把账单扔在桌子上，对经理说：“你们看着办吧，我也不知道该先付谁的好！”

但是有一次，他从一大堆的催账单中抽出一张对财务经理说：“马上付给他！”

这是一张传真来的账单，除了列明货物标的、价格、金额外，在大面积空白处还画着一个头像，头像正在滴着眼泪。

“看看，人家都流泪了，”福特说，“以最快的方式付给他吧！”

谁都明白，这个催账人并非真的在流泪，他之所以急着催账，可能另有苦衷或急需资金，他的几滴眼泪迅速引起对方重视，以最快的速度要回了大笔货款。看来，眼泪的威力实在不可小看啊！

生活中，我们可能都有这样的体验，我们似乎总是不愿意拒绝那些对我们示弱的人的请求，因为他们让我们感到弱小，从而激发出我们内心的同情和保护的欲望，这也是人们的普遍心理。所以，在希望获得他人帮助时，我们完全可以用这一方法来催眠对方，以此来博得对方的同情，让其不好拒绝。

有个经营皮鞋生意的商人，他的生意非常好，有人问他做生意的诀窍。他笑了笑说：“要善于示弱。”

提问的人很纳闷，接下去他举例说：“顾客来到我的店里，不会一开始就说你的东西好，相反，他们会不断地找产品的不足，好像我们的产品一无是处。另外，他们还认为自己好像是专家，总头头是道地告诉你哪些皮鞋的质量好、做工细，此时，我们千万不能和客户争，因为这样争论毫无用处。此时，你不妨迎合客户，恭维他眼光独特，很会选鞋挑鞋，自己的皮鞋确实有不足之处等，还可以多询问对方对于皮鞋的意见等。你在表示不足的同时也借此机会从侧面赞扬一番这鞋子的优点，也许这正是他们瞧中的地方，可以使他们动心。顾客说这么多，不就是看中了鞋子吗？善于示弱，满足了对方的挑剔心理，一笔生意很快就能成功。”这就是他卖鞋的妙招。

这里，这位商人之所以能生意兴隆，主要就是他抓住客户爱挑剔的心理，懂得示弱。客户挑剔鞋子，实际上是满意鞋子存在的某些优点，如果我们面对客户的挑剔采取反驳的态度来证明产品的可靠，此时，也许我们能保住产品的名誉，却失去了一个客户。

其实，在人的潜意识中，我们喜欢把自己理想化，也都喜欢为自己的行为寻找一种良好的解释。因此，假如你想改变的一个人的话，那么，就要学会为他的行为诉诸一种高尚的动机。

另外，从心理学的角度看，人心都是肉长的，再强势、再铁石心肠的人，其心灵都有最柔软的地方，同情心也是人与生俱来的本性，是人作为群居动物根深蒂固的习性。所以，在求人办事时，你若能直击人类最善良的本性中高尚的动机，适当诉说苦楚，那么，我们求人办事的成功率便会大大提高。

具体来说，运用示弱这一方法来催眠对方，我们可以从以下几个方面着手：

1.用哭声打动对方

三国时期，蜀主刘备是精于哭道的高手，于是，有人戏称“刘备的江山是哭出来的”。虽然，这样的说法有失偏颇，但是，“哭”的确是求人办事的“秘密武器”，因此，在提出自己诉求的时候，你若能不失时机地流下几滴眼泪，便会激发对方的保护欲，对方必然会爽快地答应你的请求。

2.先批评自己

在求人办事的时候，你可以首先作自我批评，“不好意思，都是我不好，把这样的事情告诉你，你带来了麻烦”，不妨装一下可怜，使对方产生同情，以此来达到自己的目的。

3.申述自己的处境，以表示求助于人是不得已之举

在提出自己诉求的过程中，你不妨通过语言表现自己的无助，比如，“我也是没有办法，不然，我是无论如何都不会来麻烦你的，还希望你能够帮我这个忙”“现在我是一点办法都没有了，希望你能帮忙出个主意”，对方看到你无助的样子，定会毫不犹豫地答应你的请求。

总之，在争取合作的交涉中，我们若想让谈判结果朝着我们希望的方向发展，就需要学会激发对方高尚的动机，让对方心甘情愿，比用尽心机让对方屈服的效果要好得多。

第08章

直觉与财富：如何运用直觉致富

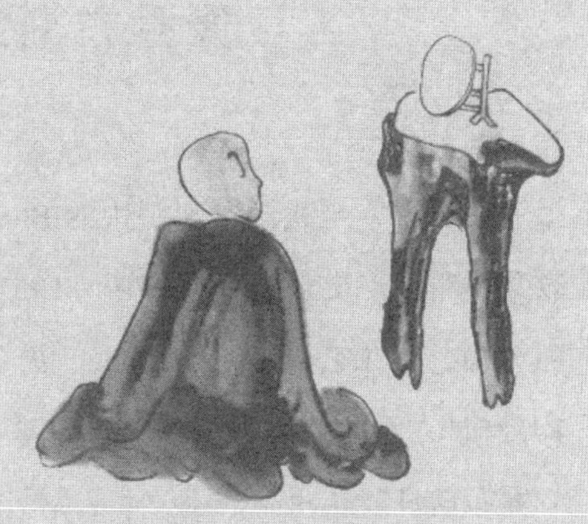

我们不难发现，生活中，有些人对财富有着一种偏执的观念，他们总是认为，拥有金钱就是罪恶的。事实上，坚守贫穷并不是一种美德，反而会丧失为朋友、家人服务，为社会贡献的机会。在摒除这样的消极观念之后，我们就该听从直觉的指挥了，无论是投资还是创业。其实，我们过去的经历、经验和学识、能力都会汇集在直觉之中，然后直觉会告诉我们该怎么做，当然，我们并不是否定缜密思维的价值，相反，精神的思维习惯也是直觉的一部分，并不该为我们所排斥。

像乔布斯那样相信直觉

生活中，当我们拿起手边的iPhone的时候，很可能会想到一个人——苹果教父乔布斯。史蒂夫·乔布斯（1955年2月24日—2011年10月5日），生于美国旧金山，苹果公司联合创办人，更是21世纪改变我们人类生活的人。2011年10月5日，乔布斯因胰腺癌病逝，享年56岁。美国加州将每年的10月16日定为“乔布斯日”。

美国前总统奥巴马曾说：“乔布斯是美国最伟大的创新领袖之一，他的卓越天赋也让他成为了这个能够改变世界的人。”经济参考网这样评论乔布斯：“乔布斯是改变世界的天才，他凭敏锐的触觉和过人的智慧，勇于变革，不断创新，引领全球资讯科技和电子产品的潮流，把电脑和电子产品不断变得简约化、平民化，让曾经是昂贵稀罕的电子产品变为现代人生活的一部分。”

我们都惊羡于乔布斯的成功，也有很多人研究他成功的因素，我们发现，乔布斯在创业到成功的过程中，一直坚持这样一个理念：“不要让他人的观点掩盖你内心的声音。最重要的是，要有勇气追随自己的内心和直觉。”

乔布斯还有一句脍炙人口的名言：“你的时间有限，所以不要为别人而活，不要被教条所限，不要活在别人的观念里，不要让别人的意见左右自己内心的声音。最重要的是，勇敢地去追随自己的心灵和直觉，只有自己的心灵和直觉才知道你自己的真实想法，其他一切都是次要的。”他也确实做到了。

乔布斯的三大生意经是：直觉、再造、专注。

1976年，乔布斯和朋友斯蒂夫·盖瑞·沃兹尼亚克成立苹果电脑公司，1985年在苹果高层权力斗争中离开苹果并成立了NeXT公司，1997年回到苹果接任行政总裁，2011年8月24日辞去苹果公司行政总裁职位。

乔布斯被认为是计算机业界与娱乐业界的标志性人物，他经历了苹果公司几十年的起落与兴衰，先后领导和推出了麦金塔计算机（Macintosh）、iMac、iPod、iPhone、iPad等风靡全球的电子产品，深刻地改变了现代通讯、娱乐、生活方式。乔布斯同时也是前Pixar动画公司的董事长及行政总裁。

他用他的成功告诉我们，即便是在科技发达的今天，对于新领域、新时空的探索、决策，我们依然倚重直觉。

乔布斯一次在苹果董事会上说："吞噬我们市场的将会是手机。"接下来，他说明，手机有了拍照功能，数码相机的市场就遭受毁灭。同样的事情也会发生在iPod身上，如果手机制造商将音乐播放功能加入手机。"人手一部手机，iPod就没有用处了。"

在乔布斯不可思议的预见力中，你能看到这种直觉感知力——设计用户未来的需要的产品。从2005年起，苹果就在寻找iPod之后的下一个重要产品。iPhone就是一个典型的例子。

乔布斯曾说，"我逐渐认识到直觉性的理解力和感知力，远比抽象思维和逻辑分析来得重要。"他还说，"在我看来，直觉是非常有用的，比智力强大得多。对我的工作产生了巨大影响。"

事实上，除了乔布斯之外，不少成功者在追求财富的过程中，都是不只一次凭直觉抓住了机会。而乔布斯对自己的品味有着深刻而恒久的信仰，深信要是自己喜欢些什么，公众也同样会喜欢。而他几乎总是对的。

因此，我们要坚持一点，即要像乔布斯那样相信自己的直觉。为此，你若想成功，想获得财富，就要做到：

1. 不要总是指望朋友帮你作决定

一两次倒也无妨，但你若长时间期望朋友为你作决定，那么，对方也会产生心理压力，因为在不能保证决定正确的情况下，他也要承担后果，所以，真正的好朋友是在你自己作完决定后，或在作决定时，他在旁边给你建议，而不是决定你该怎么做。

2. 不要让任何人的意见淹没了你内在的心声

如果你有经验，你会发现，有时候，那些看似聪明的人给你的意见却是错误的，为什么呢？因为他并不如你了解事情的方方面面。更重要的是，每一个人的意见，都是出于他自身的价值观。而你不应该活在别人的价值观里。

另外，也不要在意别人对你的看法。“一千个读者，就有一千个哈姆雷特”，不同的人所处的位置、价值观都不同，你永远不可能调整自己到让所有的人都接受你。你应该倾听自己内在的声音，寻找到属于自己的人生意义，然后勇往直前坚持到底。

总之，我们需要记住的是，一个人，只有靠自己的双手奋斗、靠自己的双脚前进，才能真正成长起来。

股神巴菲特：“几乎所有的投资都是来自我的直觉”

生活中，相信我们每个人都希望获得成功，获得财富。财富带来的是物质生活的改善，能帮助我们实现某些愿望，如何获得财富是很多人探究的问题。随着投资市场的不断健全，不少人开始学习投资，也确实有不少人投资成功、获得了财富，但也有不少人投资失利，损失不少。究其原因，一些人是因为盲目投资，而也有不少人是因为太过“理性”，忽略了投资市场的灵活性。股神巴菲特曾说："几乎所有的投资都是来自我的直觉"。巴菲特这句话的意思是，在投资市场，要相信自己的直觉，在其他人都投了资的地方去投资，你是不会发财的。

"在别人贪婪的时候恐惧，在别人恐惧的时候贪婪"，这是巴菲特的投资名言。提到投资，提到股票，无一例外，人们都会想到巴菲特，他是投资界的代表人物，他本人有过很多辉煌的成功案例。

巴菲特定律是有美国"股神"之称的巴菲特的至理名言，是他多年投资生涯的经验结晶。从20世纪60年代以廉价收购了濒临破产的伯克希尔公司开始，巴菲特创造了一个又一个的投资神话。有人计算过，如果在1956年，你的祖父母给你10000美元，并要求你和巴菲特共同投资，如果你非常走运或者说很有远见，你的资金就会获得27000多倍的惊人回报，而同期的道琼斯工业股票平均价格指数仅仅上升了大约11倍。无怪乎有些人把伯克希尔股票称为"人们拼命想要得到的一件礼物"。在美国，伯克希尔公司的净资产排名第五，位居美国在线-时代华纳、花旗集团、埃克森-美孚石油公司和维亚康姆公司之后。

巴菲特能取得如此疯狂的成就，得益于他自己所信奉的圣经，他后来将其总结为巴菲特定律。无数投资人士的成功，无不或明或暗地遵从着这个定律。然而，他也有投资失利的时候。

2008 年，全球行业都遭到金融危机的影响，即使是被誉为股神的巴菲特也不例外。此时，他的身家已经缩水到100多亿美元，当时的油价接近了美国历史的最高位，于是，他大量增持了美国第三大石油公司康菲石油公司股票，达到了8490万股，导致自己的公司损失了数十亿美元。

后来巴菲特对外声称：他没有预料到能源价格会在去年下半年的时候急剧下降，并低估了金融危机的严重性，从而导致了投资的失败。

一向经验老到的"股神"巴菲特也无法获知准确的信息，犯下了投资错误，这更充分说明了"完全理性"在现实中行不通。这里，尽管巴菲特的决策是从自我最大利益出发，并收集了很多有用的信息，经过分析和推理得出的，但是依然避免不了投资的风险，这也说明了投资市场绝对不是仅凭理性分析就能百分之百成功的。

可见，我们在投资时，如果想成功，就要记住巴菲特的话，投资市场，没有一成不变的模式，最好要避开那些饱和的市场，而选择他人没有涉足的区域。这一眼光长远的发展战略，不但能避开强劲的竞争对手的拼杀，还能独自开发一个前景广阔的市场。

不仅巴菲特，比尔·盖茨也是敢于坚持自己的想法、相信直觉的人。

很久以前，几乎所有人都认为只有硬件才能赚钱，比尔·盖茨是第一个看到软件前景的商人，而且“以软制硬”，把其软件系统应用到所有的行业或公司。微软开发的电脑软件的普遍使用，改变了资讯科技世界，也改变了人类的工作和生活方式。人们把盖茨称为“对本世纪影响最大的商界领袖”一点也不过分。现在，传统经济已让位于创造性经济。美国曾作过一次统计结果表明，只有31万员工的微软公司，市场资本总额高达6000亿美元。麦当劳公司的员工为微软的10倍，但它的市场资本总额仅为微软的1/10。尽管21世纪依然有汉堡包的市场，但其影响和威望，远不能同微软相比。

微软还是第一家提供股票选择权给所有员工作为报酬的公司。结果，此举创造了无数百万富翁甚至亿万富翁，也巩固了员工的忠诚度，减少了员工的流动。这一方法被别的企业竞相采用，取得了巨大的成功。

微软处处领先，靠的是什么？就是创新。要最大限度地发挥人的潜能，就不要受制于自缚手脚的想法。成功者相信梦想，也欣赏清新、简单但很有创意的好主意。

生活往往就是这样，你先抢一步，占尽先机，得到的是金子；而你步人后尘，东施效颦，得到的可能就是失败。

为此，任何一个致力于投资的人都需要记住以下十项巴菲特总结的投资要点：

1. 投资要有规律；

2. 明确买价，它决定你报酬率的高低；

3. 税负的避免和利润的复合增长与交易费用使投资人受益无穷；

4. 不在意一家公司来年可赚多少，仅在意未来5~10年能赚多少；

5. 价值型与成长型的投资理念是相通的：价值是一项投资未来现金流量的折现值，而成长只是用来决定价值的预测过程；

6. 通货膨胀是投资者的最大敌人；

7. 要把投资对象放到未来收益高的企业；

8. 投资人要对所投资的企业进行全面了解，才能获得财务上的成功；

9. “安全边际”从两个方面协助你的投资：首先是缓冲可能的价格风险，其次是可获得相对高的权益报酬率；

10.拥有一支股票，期待它下个星期就上涨，是十分愚蠢的。

财富目标：你想赚多少钱

如果你致力于投资，你可能会经常翻看那些成功的投资家的书籍，你会发现他们有共同的心得：“别担心你股票、债券，会有无穷的智慧和力量帮你照看你的投资，不管你做什么都会兴旺。”如果你将这句话听进去了，然后也是这样做的并满怀信心，你将发现你会被引导着作出明智的投资。并且，你会发现，似乎有股莫名的力量在提醒你，当你快要遇到损失的时候，你好像受到了某种提示，让你卖掉那些有风险的证券或股票。其实，这股力量就是直觉。无论是创业成功的企业家还是投资家，他们都绝不忽视直觉的引导作用。当然，如果你也是个想致富的人，就要先为自己制定一个财富目标：你想要赚多少钱。

对于很多正在大学阶段的学生来说，也许龚世威就是他们学习的榜样。龚世威在其不到24岁时，在没有任何背景的情况下，从卖鞭炮、MP3起家，在校期间先后创办了三家公司。

我们先来看看他是如何创业成功的：

龚世威是湖北黄冈黄梅人，小学五年级时跟随父母来武汉定居。

“高中时，别的同学都爱看武侠小说，我却天天看创富书籍，想着要创业。”龚世威说，2003年，他参加完高考后，就和两个同学找到武汉的一家知名培训学校，成功说服了学校领导答应他们以这所培训学校的名义创办暑期补习班。之后，他又找到另一家培训学校，商议由他负责师资和招生，学校提供宿舍。短短两个月，龚世威就挣得了几千元。

2003年夏天，龚世威考入华中科技大学武昌分校工程管理专业。“当年圣诞节的时候，大伙想赚点钱出去玩，就想到在学校卖烟花。”怀揣着向一位广东同学借来的700块钱，龚世威的烟花生意只进行了3天，就赚了3000多元。

“这次尝试成功后，我对自己充满了信心”龚世威说，2004年他成立了红顶科技公司。这时，校园里流行起了MP3，但多数大学生的购买力弱，看的人远远比买的人多。龚世威利用部分厂商年底急着清货回款的心理，找到商家协商，采取分期付款的方式进到MP3，然后在学校推出分期付款购机业务。

只要是本校的同学，出示相关学生证和身份证，付40%的首期，就可以带一个MP3回家。后来，他还在其他学校增开了销售点，经营范围也扩展到手机、电脑等，最后，还推出了“零首付”业务。这一次，他赚了10多万。

由于工作太忙，龚世威在大二的时候选择了休学一年。这个时候，他也迎来了创业的第一次大转折——成立自己的物流公司。

龚世威说，2006年夏天，他发现学校的毕业生离校时，都在贱卖自己的生活、学习用品。一打听才知道是因为托运不便。“当时只有邮政和中铁开通了托运业务，收费比较高，但生意非常好。”

经过市场调查，他发现物流公司利润非常高，市场前景也很好。龚世威从其他物流公司高薪挖来专业人员，了解全部运作流程后，买来一辆货车，注册成立了物流公司。“经过一年运作，公司已经赢利30多万元，有全职员工50多人。”龚世威骄傲地说。

2006年年底，他偶然得知央行一直封闭的预付费卡业务即将逐步放开，于是开始积极争取。2006年，龚世威成立了自己的第三家公司——武汉银商通科技有限公司，获得与银通卡的合作机会。

在银通卡里存入现金，可以在指定的商场、超市、酒店里刷卡消费，还可以享受一定的折扣。在他的努力下，银通卡迅速在武汉市铺开。后来，银通卡更是发展到可以在航空、百货、休闲等二十多个行业、三百多个场所刷卡消费。

龚世威在某次接受采访时曾说：“去年，我们的销售额就突破了三千万大关。今年预计销售会超过1亿元。到明年将突破3个亿。”

谈到今后的奋斗目标，龚世威说，进大学时，他给自己定下的创业目标是进入中国企业500强。“从现在的资产和经营来看，达到这个目标应该没有问题。”龚世威很自信。

龚世威告诉那些年轻的创业者们，创业要敢想敢做敢闯，有冲劲；要能够放得下面子，从小事做起；不能盲从，得认真考虑；最后，还要注重对心态的调整。他还说：“选择正确的创业行业非常重要，我所经营的无一例外都是高利润行业。利润点高的行业，虽然竞争大，但机遇也很多。”

从龚世威的话中，我们也发现，要创业成功，最重要的就是选择努力的方向——选择自己所相信的行业。所以，相信你的直觉吧。当然，你还需要明白，你不可能在没有付出的情况下得到回报。

假如现在的你正在为一家公司工作，你总认为自己的工资很低，你应该赚更多的钱，那么，你付出的心血呢？也与之成正比吗？如果你认为自己有更大的能力，不妨为自己制定一个财富目标，然后离开现在的工作岗位，去实现你的财富梦。

任何创业成功的人都把少说话、多做事奉为行动的准则，他们通过脚踏实地的行动，达成内心的愿望。无论是谁，纵使满腔热血和理想，如果不行动，都将与成功无缘。

相信直觉并不是要一味地冒险

任何一个致力于财富投资的投资家都认为，要想获得财富，绝不能秉持安全第一的原则，安全不能带来财富；要想获得报酬，我们就要想相信自己的直觉。但相信直觉并不是一味地冒险，所以，如果你想掌握既相信直觉而又不招致失败的技巧，你只需要记住一句话：大胆筹划，小心实施。

克劳塞维茨说："只有通过智力的这样一种活动，即认识到冒险的必要而决心去冒险，才能产生果断。"犹太人被世界公认是非常精明并且敢于冒险的民族，正是因为兼备了这两种的品质，他们才能解决遇到的危机。有一个故事颇能说明问题。

犹太人约瑟夫在1835年投资了一家小型保险公司，但是在他投资后不久，纽约就发生了一场特大火灾事故，很多同行心慌手乱，认为自己这次赔大了，纷纷低价转让自己的股份，这时约瑟夫剑走偏锋，出人意料地买下了这所公司全部股东的股份。这真是一场大的赌博。然而在完成理赔后，他公司的信誉突然增加了，虽然约瑟夫把保险金提高了一倍，但很多新的客户却很放心地在他这投保，约瑟夫也由此发了大财。在不少犹太人看来，每一次风险都隐藏着许多成功的机会，风险越大生意越大，只有敢于冒险的人，才会赢得财富。

在外人看来，约瑟夫的做法是冒险的，但约瑟夫并不是有勇无谋，他就是因为掌握了人们对保险这一行业的心理，深知只有自信，才能让他人相信自己。约瑟夫的这一举动，正是向人们证明了这一点，他所投资的公司的信誉自然也就增加了。

生活中的人们，在看到犹太人的成功时，也应该受到启发。如果你细细揣摩一下这些成功者的操作，你会发现，它们看上去都很冒险，似乎有些不可思议，但其实这些都是表面现象。就拿投资而言，其实在这些成功案例的背后，有着他们所发现的投资标的潜在的巨大价值，而正是潜在的巨大价值才使得他们敢于在看似危险的时候果断出手。在这里，我们看到的恰恰是一种敢作敢为的人性美的真实体现。

石油大王洛克菲勒也是个冒险家，更是个实干家。洛克菲勒曾对自己的儿子说："任何事情你钻得深，就引人入胜，就越来越重要。"这句话的意思是，做任何一件事，只有做到深入钻研，坚持下去，才能取得傲人的成绩。

洛克菲勒曾经讲过一些自己和钢铁大王卡耐基的故事，卡耐基称洛克菲勒是个对钢铁行业一窍不通的人，是全美最失败的投资者；而在洛克菲勒看来，一个真正懂得投资的人，是不会在意价格而只会在乎价值的人。"在别人不把你高看为对手的时候，就是你为未来竞争赚得最大资本的时候。"洛克菲勒确实是个投资高手，很快，他控制了美国的铁矿，成为了全美最大的铁矿石生产商，一举取得了支配地位。此时的卡耐基坐不住了，不得不低声下气地向洛克菲勒求和。

洛克菲勒说得对，在投资行业，价值重于价格，这就是他掌控美国铁矿行业的秘诀。

然而，我们也发现，有这样一些人，他们凡事积极进取，做事容易欠缺考虑，于是，很容易走弯路；而实际上，只有用理性指导激情，才能让成功来得更容易！

可以说，要想拥有财富，你就要善于动脑，要运用智慧，这与直觉并不相违背，因为思想才是直觉的能量源泉，我们的经验、智慧、价值观、学识都会累积到潜意识之中，进而形成直觉。当今社会，一切竞争都可以归结为头脑的竞争，因为头脑能催生出创意，能从根本上决定成功与失败。因此，如果你要运用直觉来致富的话，也要重视思维能力的培养。

生活中的人们，现在的你，也许正像那些成功人士一样冒险去做一件事，但你手头的工作可能是烦琐的，你感受到了前所未有的压力，感受到自己的前途渺茫。但请你记住，只要你坚持下去，把自己的工作做精，你就能做出成绩来；而如果你一味地冒险，那么，你永远都不可能成为一个成功者。

机遇面前，不可错过

在日常生活中，我们常说："机遇总是会留给那些有准备的人。"然而，机遇毕竟是机遇，是稍纵即逝的。如果你直觉告诉你，"这次是机遇"，你就要抓住，毕竟直觉囊括了我们的经验、能力和学识，是潜意识给我们的最正确的启示，而一旦错过机遇，我们只能看着财富的宝藏被别人挖走。

据社会学专家预测，未来的社会将变成一个复杂的、充满不确定性的高风险社会，如果人类自由行动的能力总在不断增强的话，那么不确定性也会不断增大。生活中的人们，你应该意识到，各种变化已经在你身边悄然出现，勇敢地投身于其中的人也越来越多了，而如果你不积极行动起来，缺乏竞争意识、忧患意识，安于现状、不思进取，如果你还没被惊醒，就会被时代所抛弃，被那些敢于冒险的人远远甩在后面。

在《福布斯》杂志2000年年度公布的中国内地50位拥有巨额财产的企业家名单中，年轻的阎俊杰、张璨夫妇因拥有1. 2亿美元的财富而名列第23位。另据《粤港信息日报》报道，张璨名列由有关部门策划并组织的“当今中国最具影响力的十大富豪”之一，是十大富豪中唯一的也是最年轻的女性，在这份资料中，张璨的个人资产超过了25亿。张璨是北京达因集团董事，北京达因科技发展总公司董事长。

张璨致力于推进我国民营高科技产业发展和科技进步事业，刻苦创业，在高新技术产业化方面作出了突出贡献。

她致力于引进外国先进的计算机技术和网络技术，服务于中国市场和用户。1987年，她领导的企业率先在中国拓展EPSON系列打印机市场；1992年，她领导的企业在中国市场大规模销售康柏电脑；1994年，达因成为康柏在亚洲的最大代理商；达因网络工程师部为人民大会堂和多家银行等国内大型机构提供了先进的网络服务。之后，达因开始在我国部分地区尝试建立“互联网络”。

1995年，达因投资2000万元与北京大学合作成立了北大达因生命科学工程有限公司。之后，生物工程科学研究与开发成为达因高科技产业群体的重要支柱。

张璨是北大金融系的学生，可在她读大三的时候，却被注销学籍，勒令退学。原因是有人举报，3年前她第一次高考时曾考上东北某大学没有就读，她第2年又考上北大。按当时规定，有学不上的考生必须停考一年。退学事件对张璨造成巨大打击。她只有到处打工。后来，张璨和丈夫正式下海，开始创业的时候，几乎是一穷二白。那时候他们自己组装电脑，经常熬到下半夜两三点。张璨和丈夫挣到的第一笔大钱，是从沈阳一家废品仓库里挣的。1987年初，他们赚了5万元，这在当时可是一笔了不起的大钱。依靠这点积蓄，他们开始和别人一起办公司。1988年，由于和公司董事会之间出现矛盾，张璨和丈夫一起退出了公司，开始了第二次白手起家。这期间他们作了很多的尝试。1992年，张璨和丈夫重新回到电脑行业，注册了达因公司。张璨夫妇注册达因公司不久，就从一个基金会借到300万元人民币。由于张璨的聪明、机敏而又踏实苦干的风格，她的公司后来被美国康柏公司看上，成了康柏在中国市场的总代理。

2001年4月，张璨再次回到北大作演讲，回到阔别15年的母校，张璨的心情非常激动，因为她的梦想、激情和学习能力，都是北大给的。而经过了这么多年，这么多事，张璨发现自己的心境和当年离开北大时一样，依然年轻，充满了梦想，而且相信自己有能力去实现它。

张璨说："我觉得一个人最重要的是要有一个梦想，这个梦想可以很大，也可以很小，这需要依靠你的个性和能力去决定。然后你为了实现这个梦想去努力，去奋斗，其实就够了。"张璨的创业经历是曲折的、艰辛的，但是她的成功是必然的，因为她致力于科技进步，这本身就是一条与众不同的创业路，靠的就是直觉和勇气。她敢于抓住机遇，所以最终她成功了。

英国新闻界的风云人物，伦敦《泰晤士报》的老板来斯乐辅爵士，在刚进入该报时，就不满足于九十英镑周薪的待遇。经过不懈的努力，当《每日邮报》已为他所拥有的时候，他又把取得《泰晤士报》作为自己的努力方向，最后他终于狩猎到他的目标。

来斯乐辅一直看不起生平无大志的人，他曾对一个工作刚满三个月的助理编辑说："你满意你现在的职位吗？你满足你现在每周五十磅的薪金吗？"当那位职员答复已觉得满意的时候，他马上把他开除，并很失望地说："你应了解，我不希望我的手下对每周五十磅的薪金就感到满足，并为此放弃自己的追求。"

其实，在我们的生活中，大部分人与财富无缘，就是因为他们太容易满足而不求进取，他们一生只会盲目地工作，挣取足够温饱的薪金。只有不甘于优秀，超越优秀，并成为卓越者，我们才可以把事情做到最好。

当然，要想获得财富的垂青，你还要不断地剥落自己身上守旧的缺点，才能做到敢为人先，才能抓住第一个机会，才能实现自己财富梦。

第09章

潜意识与微动作：从潜意识读懂人心

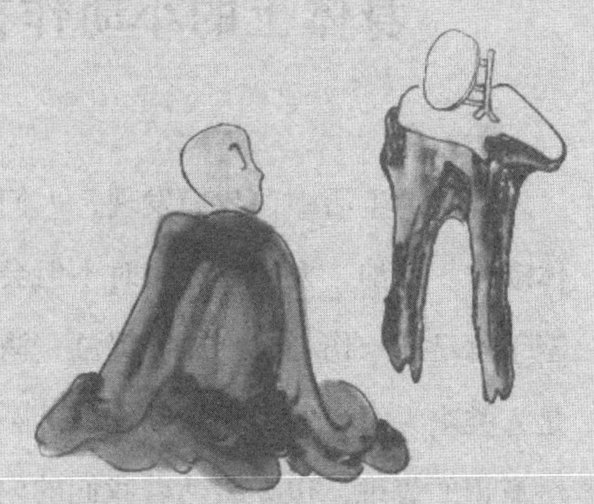

我们都知道，人是世界上最为复杂的动物，因为人最会掩饰自己。正因为这样，与人打交道的过程中，我们才很难了解对方的内心。但人的潜意识是很难掩饰的，只要我们以这一方面为突破口，对于他人从潜意识表现出来的一些微动作进行探察、了解和分析，就能读懂人心，更好地了解他人。

身体上的小动作在随时“表达”内心

现实的生活中，我们发现，人们在用语言交流的同时，也会伴随着一些肢体动作。比如，人们在高兴时不但会用语言表达喜悦，还有可能眉飞色舞，甚至手舞足蹈；伤心时会掩面哭泣；激动时会张大嘴巴等。在你看来，这些可能是人类毫无意义的习惯性动作，殊不知，这些看似不起眼的小动作，却是我们潜意识的表现，也在表达着我们的内心，因为身体语言代表着人们心里最深处的想法，是最真实的感受。

心理学认为，我们的大脑和身体的各个部位是同步的。当我们受外界刺激时，比如听到某些话或看到某些人，大脑会产生某种想法或感觉，与此同时我们的身体会作出与这些想法、感觉相对应的反应，并通过表情、肢体动作等反映出来。因此，通过观察一个人的身体语言，我们就能大体上推断出这个人的思想或情绪状态，并以此预测他下一步的决定和可能采取的行动。这一点无疑可以帮助我们建立和促进人与人之间的关系，令我们在工作和生活中更自信、更有分寸地处理、把握各种不同的人际关系。因此，我们可以说，身体语言是不可忽视的信息传递员。

在《红楼梦》中，有这样一节故事：

贾敬大寿，宁府设宴唱大戏，少不了亲戚朋友捧场。王熙凤因为秦可卿重病，先去探望病人，在穿过花园去赴宴的途中遇见了贾瑞。凤姐儿正看着园中的景致，一步步行来赞赏。猛然从假山石后走过一个人来，向前对凤姐儿说道："请嫂子安。"凤姐儿猛然见了，将身子往后一退，说道："这是瑞大爷不是？"贾瑞说道："嫂子连我也不认得了？不识我是谁！"凤姐儿道："不是不认得，猛然一见，不想到是大爷到这里来。"贾瑞道："也是活该我与嫂子有缘。我方才偷出了席，在这个清净地方略散一散，不想就遇见嫂子也往这里来。这不是有缘么？"一面说着，一面拿眼睛不住地觑着凤姐儿。

不得不说，虽然王熙凤有时候心肠歹毒，但她是个出色的交际家，更能看穿一个人的心思。这段故事中，凤姐儿自然能从贾瑞这一表情中看出他的叵测居心，从下文中，我们了解到，她对贾瑞一番戏弄以后，看贾瑞远去，心里暗忖："这才是知人知面不知心呢，哪里有这样禽兽的人呢！他如果如此，几时叫他死在我的手里，他才知道我的手段！"我们姑且不去讨论王熙凤的歹毒，从这段描写中，我们可以发现，王熙凤正是凭借八面玲珑和敏锐的观察力，才能在贾府中如鱼得水，一人之下万人之上。

可见，身体语言代表着此人心里最深处的想法，是最真实的感受。因此，我们可以从一个人的身体语言中判断此人是否说谎，是否隐瞒，是否具有可信性与行为理解能力。这种技巧能帮助你快速适应社会交流与看清他人行为的背后含义。

以下是一些与人交往的过程中的常识性身体语言，需要我们掌握：

付帐：右手拇指、食指和中指在空中捏在一起或在另一只手上作出写字的样子，这是在餐厅要付账的手势。

愤怒、急躁：两手臂在身体两侧张开，双手握拳，怒目而视。或常常头一扬，嘴里咂咂有声，同时还可能眨眨眼睛或者眼珠向上和向一侧转动，也表示愤怒、厌烦、急躁。

很骄傲、不可一世：用食指往上刮鼻子。

赞同：向上翘起拇指。

讲的不是真话：讲话时，无意识地将一食指放在鼻子下面或鼻子边。

别作声：嘴唇合拢，将食指贴着嘴唇。

害羞：双臂伸直，向下交叉，两掌反握，同时脸转向一侧。

威胁：由于生气，挥动一只拳头。因受挫折而双手握着拳使劲儿摇动。

绝对不同意：掌心向外，两只手臂在胸前交叉，然后再张开至相距一米左右。

因为事情失败而颓废：两臂在腰部交叉，然后再向下，向身体两侧伸出。

当然，观察他人的身体语言只是我们识别他人内心世界的一个方面，需要我们掌握和了解的还有很多，但最重要的是要懂得观察，于细微处看出一个人的心理动态。这样，即使面对那些经验丰富的人，我们也能先观其心而做出具体的应对策略。

总之，在日常生活中，如果仅凭一个人的一面之词与之交流，那么，我们很可能会对交流对象形成错误的判断。这会增加人们之间的隔阂，而不是互信。只有多角度观察，综合判断，我们才能够发现更多有价值的信息。

通过微动作识破他人谎言

中国有句俗语："人心隔肚皮。"人与人交往的时候，更是处处设防，以免上当受骗。特别是那些老练世故的人，往往喜怒不形于色，我们很难单从语言上看出其内心活动。而如果我们能从对方的微动作着手，观察对方的细小举动，是能窥探出对方的真心的。为此，与人交往中，我们要学会眼观六路、耳听八方，更要火眼金睛，一眼就洞察他人的内心世界。

我们先来看看下面这一场景：

客户："我看我还是不买了，我刚在隔壁商场买过一套差不过的。"这位小姐还是放下了刚刚试过的一套化妆品，挑选了很久的她终于停下了脚步。为其介绍产品的是销售员小李，小李听到客户这样说，并没有放弃推销，因为她发现了一个很小的细节：客户在说这句话的时候，下意识地用手遮住了嘴，学过销售心理学的她明白，客户其实并没有说真话，而同时，客户进店后并没有再看其他产品，这更让小李确信自己的判断。

于是，她尝试着问："小姐，您是不是觉得这款护肤品贵了呢？"

客户："是有点贵。"

小李："那您认为贵了多少钱呢？"

客户："至少是贵了500元吧。"

小李："小姐，您认为这套化妆品能用多久呢？"

客户："这个嘛，我比较省，怎么也要用半年吧。"

小李："如果用原来牌子的化妆品，要用多久呢？"

客户："原来那个两个月要买一套吧，因为效果不太明显。"

小李："这样吧，您看原来那个牌子的化妆品是200元一套，可以用两三个月，我们按照三个月计算，您半年需要花400元。但是小姐，实不相瞒，如果您比较省，我们这种化妆品至少可以用一年，这是所有客户共同得出的经验，由于它含的营养成分比较多，所以只要稍微用一点，就可以了。"

客户："真的是这样的吗？"

小李："这是我的客户共同的见证。这个周末您有时间吗？我已经约了所有客户举行一个联谊，希望您也能参加。"

客户："这样啊，好，我相信其他女孩子的眼力……"

这则案例中，化妆品推销员小李的销售方法值得我们学习，这里，她之所以能判定出客户的反对意见"我看我还是不买了，我刚在隔壁商场买过一套差不过的"并非真实想法，是因为她观察到客户的一个下意识动作：下意识地用手遮住了嘴，一般来说，这是人们没有说实话的表现。行为心理学家戴斯蒙·莫里斯博士做过这样一个实验：他让研究人员把护士作为测验对象，要她们有意识地对病人谎报病情。通过录像观察，这些护士在说谎时，比平常实话实说时使用了更多的用手掩饰嘴部的动作。

的确，人们所表现最显著、最难掩的部分，不是语言，而是下意识行为。人人都会说谎，但世界上没有不能被看穿的谎言。

行为心理学家认为，我们不仅可以从一个人的面部表情识别其话语的真实性，更可以通过其肢体动作看出其话语的真实性。因为说谎是一种复杂的行为，要做到让人相信，需要动用全身的器官共同“演戏”。一般来说，无论一个人的说谎技术如何高明，为了掩盖谎言，他都会在无意中做出一些小动作。因此，善于观察的人，光看一个人的动作就可以断定对方是否在说谎。

的确，人们所表现最显著、最难掩的部分，不是语言，而是下意识行为。人人都会说谎，但世界上没有不能被看穿的谎言。因为人在说谎的时候，出于心理因素异常，他们常常会辅之以动作。通过这些动作，我们往往可以阅读说谎者的心理状况。那么，具体来说，人在说谎时会有哪些微动作呢？

1. 摸鼻子

摸鼻子的姿势是护嘴姿势比较世故、隐匿的一种变化方式。它可能是轻轻地来回摩擦着鼻子，也可能是很快地触。女性在做这种动作时，会非常轻柔、谨慎，因为怕脸上的妆被弄花了。曾有心理学家称：当不好的想法进入大脑之后，人下意识就会指示手遮着嘴，但到了最后关头，又怕表现得太明显，因此，就得很快地在鼻子上摸一下。摸鼻子和遮嘴一样，摸鼻姿势在说话人使用时则表示欺骗，在听者来说则表示对说话者的怀疑。

2. 掩嘴

当一个人用手遮嘴，拇指压着面颊时，那么，他的潜意识中是大脑指示手做这样的姿势以压制谎言脱口而出。有时只是几只手指，有时整个拳头遮住嘴巴，但意思都一样。遮掩嘴巴，是想隐藏其内心活动的特有姿势。

3. 拉衣领

心理学家称，当人们说谎时，面部和颈部之间的组织会产生一定的刺痛感，因此，他们可能会无意识地拉一拉衣领，以减少这种感觉。

4. 搓耳朵

有些人在说谎时，会不停地用手拉耳垂或将整个耳朵朝前弯曲在耳孔上。

5. 揉眼睛

一般来说，男女说谎时揉眼睛的动作不同，男人说谎时，常常转移视线，如用眼睛看着地板。而说谎的女人，一般都是在眼的下方轻轻地揉。

总之，聪明的人不会只听交往对方的语言，还会观其微动作，因为言语可以用伪装来掩盖，而微动作的真实性却高得多。

眼为心声，从眼神变化读懂对方内心世界

在人类的感觉器官中，眼睛是最重要的器官之一。科学家经过研究证实，人类有80%的知识都是通过眼睛观察得到的。眼睛不仅可以读书认字、看图赏画、欣赏美景、观察人物，还可以辨别不同的色彩和光线，然后将这些视觉、形象转变成神经信号，传送给大脑，从而增强人类的记忆能力。

“眼睛是灵魂之窗”，人在各种时候，不同的思绪动向会反映在眼睛中。通常人心中所想的事物，眼睛会比嘴巴更快地说出来，而且几乎难以隐藏。正如文豪爱默生所说：“人的眼睛和舌头所说的话一样多，不需要字典，却能从眼睛的语言中了解整个世界。”因此，一个善于读心的人，必然也是个善于捕捉他人瞬息万变的眼神的人，以此洞察对方的内心。

曾经有个叫詹姆士的建筑家，他发明了一种可以防止偷盗行为的方法，那就是画一幅皱着眉头的眼睛抽象画，镶于大透明板上，然后悬挂在几家商店前。果不其然，那段时间，店铺的偷盗案件迅速减少。当有人问他原因时，他说："我画的虽然并不是真正的眼睛，但对那些作贼心虚的人来说，却构成了威胁，极力想避开该视线，以免有被盯梢的感觉。因此，他们不敢进商店内，即使走进商店里，也不敢行窃了。"

这就是眼神的力量，虽然那些小偷看见的是假的眼神，但他们依旧有种心虚的感觉，心理作用让他们不敢再偷盗了。

我们在与人交际的过程中，也可以选择以观察别人的眼神来洞彻他的内心世界，比如说：开心的眼睛透露的是水亮有神，笑容灿烂；尊敬的眼睛表明他有点害怕，笑容勉强；爱慕的眼睛是眼神迷蒙，笑得腼腆的；困扰的眼睛是深邃无神，若有所思，眉头紧锁。

具体说来，我们可以从不同方面来看：

1. 你和对方交谈时，如果对方的双眼突然明亮起来，表明他对你正要说的话题很感兴趣，也可能是你的话对他来说正中下怀。

2. 不管你说什么有趣的话题，如果对方的眼光总是灰暗的，可能他正在遭受某种不幸或者遇到了什么不顺心的事。

3. 当对方瞳孔放大、炯炯望人、上睫毛极力往上抬时，表明他对你的话感到很惊恐。

4. 如果你能通过余光发现对方正在斜眼瞟你，表明他想偷偷地看你一眼却又不愿被发觉；如果对方是异性，可能传达的是害羞和腼腆的信息。

5. 眼睛上扬是假装无辜的表情，这种动作是在佐证自己确实无罪。

6. 眼睛往上吊，说明对方有某种不愿为别人知道的秘密，喜欢有意识地夸大事实，因此不敢正视对方。

7. 说话时喜欢眼睛下垂的人，一般比较任性，凡事只为自己设想，对于别人的事漠不关心，甚至常对别人的观点抱有轻蔑之意。

8. 挤眼睛是用一只眼睛向对方使眼色表示两人间的某种默契，它所传达的信息是："你和我此刻所拥有的秘密，任何其他人无从得知。"

9. 眼神游离。

这种眼神背后，一般都是在算计，在心中打小算盘，如果一个人常常出现这样的眼神，那么，他多半是攻于心计、城府较深的人。

这类眼神传达的信息可能有两种：一种是聪明而不行正道，一种是深谋内藏、又怕别人窥探。前一种眼神多是品德欠高尚、行为欠端正的表现；后一种眼神多是奸心内萌、深藏不露的表现。

另外，在说话时眼神闪烁不定者，一般表示精神的不稳定。据一些法律资料显示，犯罪者在坦承罪状之前一般都会有这样的状态。这大抵是因心中藏有某事或有所愧疚所致。

10.眼神转向远处。

在谈话中，如果对方时时流露这种眼神，多半是对方并不注意你所说的话，心中正在盘算其他的事。如是进行交易的对手，那么他必然在心中作着衡量、计算，思索着如何在这场交易中谋取最大利益；如果是没有利害关系的交谈对象，而对方并不专注于你的谈话，那一定是有其他的事物盘踞其心头。

眼球的转动、眼皮的张合、视线的转移速度和方向、眼与头部动作的配合，都在传递着一些信息，传递着一个人内心的秘密。当然，一个人的心理活动是很难凭借一个眼神就看透的，我们还要将其他因素结合起来，才可以得出答案。比如说面部表情、行为、动作。

上述这些以眼读人术可以使我们在与人交谈过程中，迅速了解对方内心所思所想，这样，我们在开口说话的时候，就能说出对方喜欢的话。当然，这只是一些简单情况的概括，我们在遇到不同的交际对象的时候，还应该运用具体的观察方法，做到有的放矢，这样，我们才能游刃有余的与人交往和应酬！

小小名片传递出的信息

现代社会，几乎人人都会使用名片。名片是当代社会不论私人交往还是公务往来中最经济实惠、最通用的介绍媒介，具有证明身份、广交朋友、联络感情、表达情意等多种功能。从某种程度来讲，名片就是我们身份的代表。因此，我们应该了解，分析他人的名片，能帮助我们更清晰地了解其性格和心理特征。

美琪现在已经是一家知名风投公司资的投资人，最近，她看好了一家小公司，准备对其进行投资，但在见面时，对方的态度却让她大失所望。

这天，美琪和助手到了这家公司，为了方便起见，对方就把午饭安排在了公司附近的一家酒店。到达酒店后，双方按照程序，进行了一番自我介绍，然后便进入了交换名片的环节。美琪的助手把她的名片递到对方公司接待人员手中，而令美琪惊奇的是，对方竟然丝毫没有看她的名片就直接把它丢到桌子上，也没有再回赠名片的意思。

整个饭桌上，美琪都不怎么高兴，也没怎么说话，原本打算了解的关于这家公司的很多问题也都不想问了。

第二天，这家公司的负责人前来咨询投资的事，对此，美琪的回答是："我是不会与这么不懂礼节的公司合作的，我想贵公司现在需要做的是先给员工上一门礼仪课。"

这则案例中，这家公司为什么失去了一个被投资的机会？问题出在了名片上。从这里，我们看出一点，现代社会，名片在人际交往中有着其特殊的重要性。

从某种程度来讲，名片就是我们身份的代表。有的名片甚至囊括了一个人一生的成就和所得。所以，通过名片看一个人是十分有效的方法：

1. 喜欢大字体的人

这类人喜欢表现自己，功名心很强，在人际交往中，他们希望自己能成为焦点。他们善于与人交往，表现得相当平和与亲切，具有绅士风度。这种人不会迷失自己，遇到利益时，他们不会拱手让给别人。表明上看，他们和谁都相处得不错，但实际上，不容易让他人真正地靠近。他们善于隐藏自己，为人处世懂得谨慎行事，更能把握分寸，使一切都恰到好处。

2. 名片上没有任何头衔的人

这类人大多有自己的个性，他们不喜欢循规蹈矩，不喜欢虚伪的人和事，他们不在乎金钱与地位，也不太在乎世俗的看法，他们只喜欢按照自己的意愿去做每一件事情，而不是被他人支配和调遣。而与此同时，他们也很少对别人指手画脚，发号施令。他们具有超乎一般人的想象力和创造力，所以经常会有所创新和突破。

3. 在名片上附加自己家里的住址和电话的人

这类人无论在能力、社交等各方面都相当优秀。在名片上附加自己的家庭地址和电话，有对自己、对社会负责任的效果，这样，即便他不在办公室，对方也能找到家里来，把事情解决。而与此相反的，恰恰有许多人为了逃避工作上的麻烦，而拒绝告诉他人自家的地址和电话。但另一方面，这样做可能会被他人利用。故发放名片时，要小心提防。

4. 名片有别名或改名的人

这类人叛逆心比较强，为人处世比较小心、谨慎，无法与周围的人合拍，另外，他们还有点神经质，常常怀疑周遭的一切，猜疑别人的同时也怀疑自己，这使得他们很容易产生自卑感，在遇到挫折和困难的时候，缺乏足够的信心，总是想妥协退让。从某一方面来讲，他们没有太多的责任心，并且还总会想方设法地逃避自己该负的责任。

5. 比他人较快递出名片的人

比对方更早递出名片，是注重诚意的表现。其效果是慎重、尊重、重礼仪。收到名片后仍然不拿出名片给对方，则是粗鲁无礼、拒绝的表现。

6. 到处给名片的人

无论在什么场合，他们都喜欢把自己摆在一个显眼的位置，好让他人随时能看到。他们不但容易忘记自己在什么时候拿名片给了什么人，而且轻易地把名片当成一种传单，漫天乱撒。这种类型的人是经营者的话，大多是老板或伙计，推车四处奔走的私营企业主，虽然常想不劳而获，大捞一笔，但也常有偷鸡不着蚀米的危险性。

7. 经常若无其事地掏出一大堆别人的名片的人

像这种带着大把他人的名片外出的人，大都是以自我为中心的类型，其特征是活动性强，口才很好，说话绝不会出任何纰漏，是能够获得他人喜欢的人。他们的社交能力、组织能力比较强，具有不错的口才和充沛的精力，成功的几率还是比较大的。与这种人商谈之前，最好能立下约文保证。

看穿不同笑容背后的含义

我们都知道，与人初次见面时，一个亲切的微笑能拉近彼此距离，消除你和对方的拘束感；与朋友见面打个招呼，点头微笑，会让朋友之间更加和谐、融洽；长辈对晚辈报以微笑，可以使晚辈消除紧张，敬畏就会被信任和亲切所代替；上级对下级一个微笑，会让下级感到上级平易近人；服务人员面带微笑，顾客就有宾至如归之感。可见，笑的作用是多么大。

日本有一位著名的造型家，他写了一本书，书中一个跨页收集了几十位女性的头像，这些女性有年老的、年轻的，有人们认为很美的，也有很丑的，但是当你看着她们每一个人时，你的心情都是愉悦的、恬静的。不因为别的，就因为她们给了你灿烂的笑容。

的确，微笑是社交场合的通行证，是表达感情的最好方式。同时，笑和一个人的性格有着一些必然联系，因此我们可以通过他人的笑容来了解他的内心状态。

单单是“笑脸”，就有微笑、苦笑、嘲笑等好几十种。“笑”本来是为了缓和紧张感而生的，然而像嘲笑或怜悯的笑之类，反而是在不愉快的场合中出现的“笑”。根据不同的笑脸，我们可以了解对方微妙的心理情况：

嘴角上扬的人：自信心很强、气场很足。

半边嘴角上扬的人：自信心不饱满，对一切都感到很空虚。

笑起来像女人一样的男人：平时很认真，但行为无法预测，时有惊人的表现。

只用鼻息发出笑声的人：做任何事情都很努力，多数人都比较吝啬。

用鼻子笑的人：有蔑视他人的倾向。

发出哧哧笑声的人：平常应该是温顺的人，他们是谨慎保守的老好人，会在别人背后帮忙。假如故意这么笑的话，就有嘲笑人的因素在里头。

笑声爽朗的人：性格开朗，从心里感到放松，豪迈地笑与高声笑的人也是这种状况。只不过，在不太自然的情况下的大笑，会令人感觉有别的意图，如故意显示自己很了不起，让人觉得自己很豪爽。有的人外表看起来豪爽，内心却有着强烈的自卑感与不安，想以大笑来隐藏，属于个性扭曲、不想让人看见真心的那种类型。

抿着嘴笑的人：这是为了显示自己的优越感，有时候会让周围的人感觉不舒服。这种人可能容易轻视他人，而且丝毫不加掩饰，不谙人心理的微妙之处，是独善其身的人。即使自己发生失误，也会假装“不关我的事”，一副若无其事的样子，会毫不在意地推脱抵赖。

一点儿也不稀奇的是，有人经常笑。这种恭维的假笑，是一种阿谀别人的举动。带有“我会服从你”意味的笑脸，表示心怀不安或是有担心的事，有“请帮助我”“请关心我”的动机；此外，还有“想和你成好友”的亲和欲求的讯息。

是不是从内心发出的笑，只要留意眼睛和全身即可得知。不自然的笑或有目的的笑，通常是嘴角堆着笑，眼睛却没有笑意。此外，身上也没有很兴奋的反应。

脸色变红或变白表示心里不安。脸色变苍白的人，通常心中怀着强烈的恐惧与不安。例如，在关系到自己和他人性命或去留与否的情况到了严重的程度时，脸色不只泛红还会变苍白。由于生气而脸发白的话，恰是震怒的象征，假如不想个法子安抚，后果会很严重。

我们罗列出这些笑容的小秘密，并不是要大家控制自己的笑容，相反，这是为了告诉大家，在对他人微笑时，一定要发自内心。并且，如果你是个不爱笑的人，一定要加以训练。心理学家告诉我们，外部的体验越深刻，内心的感受越丰富。也就是说，有了外部的“笑容”也就有了内心的“欣喜”。每天晚上对镜中的“你”笑上几分钟，然后带着笑容入眠；早上起来，心中默念“嘴角翘，笑笑笑”，你会发现因为有了笑容，自己也有了好心情。

总之，一个人如何笑、何时笑，笑的深度和姿态都能体现出他的性格、内心动态。当然，我们不要惧怕微笑，因为一个人的笑容改变了，他的性格、心理也会随之改变。

嘴巴的动态展现他人内心喜怒哀乐

曾经，在美国的一所研究院内，有两个研究员就人的嘴巴作了这样一个研究：

他们研究的对象是著名的“蒙娜丽莎”画像，发现人的嘴巴能表达人的喜怒哀乐，而被人们称之为“心灵的窗户”的眼睛，却不能反映真正的表情，只能反映情绪的紧张程度。第一步，他们在数码化的画像上增加干扰图案，这样，画像看上去就像一幅模糊不清的电视画面。接下来，为了要达到测试的效果，他们继续改变干扰图案。然而，改变的部分只有画像的一半：要么是上半部分，要么是下半部分，这样做的效果是有利于他们看出改变人物心情的到底是眼睛还是嘴。

最终的结果很明显，最能体现蒙娜丽莎情绪变化的是她的嘴而不是眼睛。为了验证试验的准确性，他们还使用了其他女性的照片进行了相同的测试，结果完全一样。

通过这个试验，尽管我们无法否定眼睛表情达意的功能，但是最起码证实了嘴巴的动态也具有非常重要的表达功能。

嘴巴的动态有很多种，在人际交往的过程中，如果能够细致地观察对方的嘴巴的动态，就可以洞察对方的内心世界，使交往更加顺利。

丹丹是一名广告公司的职员，从她刚毕业开始，她就在这家公司工作，转眼已经三年时间了，她担任的是经理秘书这一职务，可是，她现在拿的还是三年前的工资。为此，她很想跟老板提提加薪的事，毕竟，公司里比她来得晚的新职员都加薪了。然而，怎样才能找到合适的时机呢？老板当然不是喜形于色的人，因此职员很难判断老板的心情如何。

不过，丹丹在大学辅修的就是心理学，她曾在一本书里看到，可以通过一个人说话时嘴巴的动态来了解对方的心情。就这样，丹丹整整观察了十几天，突然有一天，她发现老板看起来与往日不同，他的嘴角微微上翘，虽然几乎不易觉察，但还是被丹丹察觉到了，由此，她断定老板的心情很好。所以，处理完手里的工作后，丹丹来到了老板的办公室，以即将结婚为由，委婉地提出了加薪的请求。果不其然，老板的心情真的很好，他不仅痛痛快快地承诺从本月起给丹丹加薪20%，还说等丹丹结婚时一定要通知他。就这样，仅凭着老板那一丝不易觉察的微笑，丹丹顺利地实现了自己的心愿。

由此可见，在职场中，无论是面对上司还是面对同事，我们都可以通过观察对方的嘴巴动态来了解对方的内心，从而更加顺利地实现良好的沟通。

那么，我们从人的嘴巴的动态到底能看出什么呢？

1. 交谈时嘴角的动态能够反映出说话人的内心世界

如果说话者说话时以手掩口，说明此人性格内向、封闭，不喜欢被人看穿心思；交谈时下嘴唇向前撇，表明此人对你说的话并不信任，而且想反驳你；上下嘴唇一起往前噘，表明此人处于防御状态；嘴唇的两端略微向后的人注意力比较集中，但是缺乏坚持的毅力，很容易受到他人的影响；在交谈时咬嘴唇或者双唇紧闭的人，可能是在反省自己，也可能是在用心地倾听或者分析对方所说的话；交谈时经常舔嘴唇的人正在压抑着自己紧张或者兴奋的心情。

2. 嘴角的弧度也能判断一个人的性格

嘴角缩起的人，做事认真细致，很难敞开自己的心扉，疑心病重；嘴抿成“一”字形的人是个踏实的实干家，性格顽强，对于上级交代的任务能尽量完成，事业发展相对顺利；嘴角微微上翘的人活泼外向，心胸开阔，灵活机智，为人随和，很好相处；嘴角向下撇的人固执己见，很难被说服。

3. 可以根据对方的笑容判断其性格

开口大笑的人嘴巴大张，性格豪放，做事不拘小节，光明磊落，缺点是没有耐心，总是知难而退；

狂笑的人嘴巴近似于圆形，擅长社交，洒脱不羁，给人一种亲切感，喜欢冒险，乐于助人，适合做与人打交道的工作，很容易获得成功；

微笑的人嘴角微微上翘，看起来很和善，性格内敛，沉默寡言，不善于与人交流，比较关注内心世界，心思细腻，擅长分析对方的言语。

总之，人的嘴巴相对比较灵活，能够做出不同弧度的动作。透过这些丰富的嘴部动态，我们可以掌控一个人内心的情绪波动。

从打招呼的方式判断人性

生活中，我们与人刚见面或者遇到熟人时，都会采取一种表示友好的方式——打招呼，可以说，打招呼是一种最简便、最直接的礼节，我们每天都有可能需要实施。同时，一个人打招呼的方式也透露着关于他的性格的信息。心理学家称，打招呼的方式因人而异，没有千篇一律的打招呼的方式，从打招呼和应答的方式中，都可以反映出一个人的性格特点。

我们不妨先来看下面这个故事：

老王是某事业单位职工，他和周围邻居、同事的关系都很好，很少得罪人。最近，单位从外地新调来了一个领导，被安排住在老王所在的小区。这天周末的早上，老王准备和妻子去买菜，在小区门口，这名领导看见了老王，便跟老王打招呼："老王，你好啊！""您好，李处长。"

当时，老王妻子也向这名领导点了点头。

后来，老王发现，李处长每次看见他，都会以这样的方式打招呼，多年的识人经验告诉老王，这名李处长是个藏得很深的人。

有一次，老王听说李处长过生日，便给他送了一幅画。第二天早上，他看见老王，还是那样打招呼："老王，你好啊！"老王心里纳闷，难道他不喜欢自己的送的礼物？谁知道，老王一到办公室打开邮件，就发现李处长给自己留言："老王，谢谢你，我很喜欢你的礼物……"

案例中的李处长是个典型的官员，这样的人在人际交往中都表现得小心翼翼，不会给人留下口实，会很注意自己的形象，因此，即便下属送了一件自己很喜欢的礼物，他们也会选择暗地里感谢。其实，这样的性格，在他几次和老王打招呼的方式中已经显现出来了。

的确，一个小小的招呼，也能让我们找到了解他人心性的突破口，不同的人打招呼的方式大有不同，具体来说：

1. 打招呼时双方的空间距离，直接显示出双方的心理距离

我们可能都有这样的体会，当我们看见闺蜜或死党时，会立即打个招呼然后走过去，再给对方一个大大的拥抱或者直呼对方的小名、昵称等，这会让我们感到很亲密。而如果跟你打招呼的人说话以后立即后退几步，虽然这是礼貌的表现，但你肯定能感觉出对方是在抗拒你。

2. 初次见面就很随便打招呼的人，是想形成对自己有利的势态

初次见面就很随和地打招呼的人，往往使人大吃一惊。有人常常认为这样的人很轻浮，其实这种人内心很寂寞，非常希望能与人亲近。

比如，在酒吧，我们可以看到，坐在自己旁边的女士，虽然彼此是初次见面，却很亲热地与自己交谈，事实上那位女士是为了使当场的状况变得有利于她自己。

心理专家提醒，当遇到"见面熟"的男性时，女性要特别小心，切勿使男性有机可乘。这种男性的性格浪漫大方，是个滥情家，性情懦弱，迷恋女性，且其中不乏游手好闲的男性。

3. 边注视边点头打招呼的人，怀有戒心

打招呼时伴有注视对方眼睛这一举动的人，可能是对对方怀有戒心，或是

希望自己处于优势地位，也有可能是借此方式来探测他人心理。

4. 打招呼时不敢看着他人眼睛，多半是自卑所致

如果你很真诚地看着对方的眼睛打招呼，对方却没有回应你，而是避开你的眼神，你会误认为他们是瞧不起人——而实际上并不是如此，他们可能是因为自卑或者胆小，因此，你需要抑制你的情感，不需要为此生气。

5. 虽然经常见面，还是千篇一律地打招呼，大多是自我防卫、表里不一的人

故事中的李处长就是这样的人，他们虽然与某个人见面次数很多，经常一起吃饭、喝酒，但他们见面时还是千篇一律地打招呼。这种人具有自我防卫的性格。

6."招呼常用语"揭示人的性格

"招呼常用语"指的是一个人刚刚与某人结识或与熟人相遇时经常使用的打招呼的话语，心理专家曾有研究表明，从一个人的打招呼用语，可以了解这个人身上的很多性格特点。这些"招呼常用语"有：

"喂！"——他们开朗大方、活泼好动、思维敏捷、富于幽默感。

"你好！"——这类人性格稳定、保守、工作认真、负责、深得朋友信任，他们能很好地控制自己的情感，不容易情绪化。

"看到你真高兴。"——此类人大多性格开朗，待人热情、谦逊，对很多事物都很感兴趣，但容易感情用事。

"最近怎么样？"——这类人爱表现自己，自信、大方，渴望成为社交场合的聚焦，但同时，行动之前，喜欢反复考虑，不轻易采取行动；一旦接受了一项任务，就会全力以赴地投身其中，不圆满完成，决不罢休。

"嗨！"——他们比较多愁善感、腼腆，不希望得罪人，常常会因为做错事而不敢尝试，但在与自己熟悉的人面前，他们会比较活泼。在周末或闲暇时间，他们更愿意与爱人一起宅在家中，而不愿外出消磨时光。

通过睡姿探究他人心理

生活中，我们若想观察和了解一个人，方法有很多，观察他人睡觉习惯便是其中的一种。因为一个人的睡觉习惯是受到起潜意识支配的，即便他并不是熟睡，其睡觉习惯也会显示出他在清醒时表露在外和隐藏在内的某种思想感情。

的确，每个人的睡觉习惯都不尽相同，有的人习惯躺着睡，有的人习惯蜷缩着睡，有的人喜欢依床沿而睡，我们可以依据不同的睡觉习惯，判断出对方隐藏在心里的想法。而对于自己而言，我们在很多时候并不知道自己在睡觉时有什么特别的习惯，那么不妨问一问身边亲近的人，然后根据实际的性格对比一下。我们先来看下面的故事：

一直以来，妍妍都很喜欢心理学，即便她大学读的不是这个专业，毕业后的她也依然会自学一些心理学知识。这不，最近，她报了一个心理学课程，在课上，老师告诉她，一个人的性格心理会在睡觉这一最放松的状态下显现。

对此，这天下课回家后，妍妍对爸妈说，希望他们能在自己睡着时给自己拍一段录影，这样就能看出自己的睡觉习惯，以便得知自己的性格、心理。

后来，妍妍在看录影的时候，被自己的睡觉习惯吓了一跳——原来自己睡觉时很喜欢把脚放在床外面，根据老师教的心理学知识，这是工作、生活压力大的表现。是啊，工作这几年来，妍妍一直在努力工作、不断地升职，不断地挑战自己，确实是累了，该好好休息了。

从妍妍的经历中，我们可以看出，一个人的心理状态如何，我们可以从其睡觉习惯和姿势中看出来。

我们每个人在经历了一天的工作和生活后，都会感到疲劳，此时，睡眠就是最好的休息方法。有人说，每个人的一生有三分之一的时间都是在睡眠中度过的。的确，在卧室、在床上，是我们最放松的时刻。也就是说，观察一个人的睡觉习惯，往往能看出他最真实的一面。

下面我们就介绍几种常见的睡觉习惯，以便你可以通过观察睡觉习惯对别人有个大致的了解。

1. 有的人喜欢仰睡

一般来说，喜欢仰着睡的人都性格开朗、活泼、大方，在生活中，他们待人亲切、热情、极富同情心，他们还很贴心，在人际交往中，他们能看出别人的需求；另外，在遇到事情时，也比较有担当，敢于负责任；他们处事成熟，懂得分清事情的轻重缓急，并且很有执行力。

因此，这样的人是很优秀的，他们身上有很多美好的品质，他们通常能把事情做得很到位，所心他们常常能赢得周围人的敬重和信赖。

2. 有的人喜欢以呆板的姿势睡觉

有些人睡觉时喜欢双手摆在两旁，两脚伸直。这类睡觉姿势呆板的人生活节奏相当快，生活也很有规律性，也正是因为这一点，即使睡觉时他们的精神也得不到放松。另外，他们的生活是被模式化的，什么时间做什么事，什么时间睡觉都成了他们必须完成的一道程序。

3. 有的人喜欢抱着双臂睡觉

有的人喜欢在睡觉时环抱着双臂，甚至握着拳头，仿佛准备随时给人一击。这一类型的人如果是仰躺着或是侧着睡觉，拳头向外就是向他人示威。如果把拳头放在枕头或是身体下面，表示他正在控制这种消极情绪。

4. 有的人喜欢趴在床上睡觉

有些人喜欢睡觉时趴着身子，这类人一般很自信，他们相信自己的学习能力和工作能力，这并不是自负，而是能认清自己的实力。另外，他们的适应能力很强，即便是在一个陌生人的环境中，他们也能比其他人更快适应。他们有着自己清晰的目标，不会被周围的人影响。另外，他们善于伪装自己的真实情感。

5. 有的人蜷缩着睡觉

喜欢蜷缩着睡觉的人通常缺少安全感，他们的性格比较懦弱，经不住打击。他们独立意识不足、逻辑思维差，经常需要他人的帮助，遇事不懂得按照先后顺序处理。到了陌生的环境中，他们会表现出怯弱的特点；他们责任心不足，在问题面前，他们常常会选择退缩。

6. 有的人喜欢睡在床边

有很多人喜欢睡在床边，这样的人也比较缺乏安全感，但他们比蜷缩着睡觉的人更理性，更能控制自己的情绪，他们的忍耐力较强，不会轻易表现出愤怒的情绪。

7. 有的人喜欢呈八字形睡觉

喜欢呈八字形睡觉的人通常是唯我主义者，他们希望周围的人都按照自己的意愿行事，他们很固执、强硬，不想听到反对的声音；但他们也有很多优点，比如他们不会轻易放弃自己的目标，有很强的工作能力，有掌控局面的气场等。

8. 有的人睡觉时喜欢把脚放在外面

睡觉时喜欢把脚放在外面的人，他们是真正的压力一族，即使到了睡觉这一最放松的状态下，他们依然是累的。这类人通常工作比较繁忙，没有足够的时间休息，或者不会享受生活，不过，他们通常都是那些事业有成的人，因为他们的精力总是那么充沛。

9. 有的人喜欢以戒备的姿势睡觉

这一类型的人通常具有较强的戒备心理，他们自主意识很强，性格固执，他们不会因为别人施予的压力去做事，不会听从他人的摆布，如果有人强行要求他们，他们就会采取一些必要的措施。

从约会场所的选择来洞悉对方的处世方式

日常生活中，无论是普通朋友还是异性之间，我们都经常会选个时间出来聚聚，以此增进感情、融洽关系。实际上，无论是一般意义的见面还是商务会谈，都涉及到约会地点的选择，这看似很随意的一个选择，其实能反映一个人的处世方式。我们先来看下面的故事：

小李是一家科技公司的程序员，最近，公司新来了一个女同事小芳，大概二十出头，应该是刚从大学毕业不久。公司所有的同事都很喜欢她，她总是很乐于助人，当别人说“谢谢”时，她总是说：“不客气，举手之劳而已。”恰好，当她实习期结束后，领导将她和小李分到了一个小组。长期一起工作，小李渐渐对这个姑娘产生了好感，但他不知道对方怎么想的。

一个周末的上午，小李在家百无聊赖，便打电话给小芳，想约她一起个吃个饭、看个电影，小芳倒也爽快，直接答应了。

“那我们去哪儿吃饭呢？我不知道你喜欢吃什么。”小李问。

“我比较爱吃川菜，我知道公司附近有家店不错，你觉得怎么样？”

“好吧，那一会见。”

……

在小芳出门前，她学心理学的室友叮嘱她：“吃饭的时候别忘了问，如果让他选择约会地点，他会怎么选。你可以给他四个答案，根据他选择的答案，也就能判断出他的性格，也就能看出他是不是你的白马王子。”虽然小芳觉得不太靠谱，但还是记下了室友的话。

吃饭的时候，两个人聊得很开心，聊到尽兴之时，小芳问：“李哥，如果我下次主动约你的话，你会选择在哪里见面呢？”

听到小芳这么说，小李有点受宠若惊，“呃……”思考了一段时间后，他说：“我觉得公园好点吧，我喜欢两个人坐在公园里，吃个棉花糖，看着周围可爱的小朋友和颐养天年的老人，我会觉得很安逸。你觉得呢？”

“嗯，我也挺喜欢的。”小芳听完后，漫不经心地回答，其实，她心里在盘算着答案，选择公园作为约会地点的人，应该是开朗大方、活泼型的人，这和自己的性格很互补啊，看来，这个李哥很适合自己。

“不过，你说的下次主动约我，是真的吗？”小李趁机问。

“当然是真的，那下次我们就一起去人民公园，我们还可以一起放放风筝。”

听到小芳这么说，小李心里甭提有多高兴了，他心想，人家姑娘已经主动表示好感了，自己就应该一鼓作气把小芳追到手。于是，吃完饭后，他又带小芳看了场电影，从电影院出门，他们已经牵起了手。

自打这件事以后，小李就把小芳当成自己女朋友了，并在自己的微博上发表了很多情感宣言，他们周围所有的同事都知道了这件事，这一对小情侣沉浸在了他人的祝福中。

这则案例中，小李为什么能成功把自己喜欢的女孩追到手？这是因为他在无形中接受了小芳的心理测验，当他的答案符合小芳内心的想法后，小芳便主动表示出了好感，两人便顺理成章成了恋人。

心理专家称，日常生活中，异性之间包括普通朋友之间的约会，最能反映一个人深层心理的最佳指标。

具体来说：

1. 选择在家门前的人

这种人性格外向、独立性强，为人老实，但不会办事，不会做人，常常毛毛躁躁，易将事情搞砸。

2. 选择在咖啡店见面的人

这种人是个典型的生活艺术家，他们热情、浪漫、感情丰富、懂得如何表达爱和让爱人享受浪漫的生活，他们也很爱自己，不会让自己受委屈。

3. 选择在公园见面的人

这种人性格外向，热情大方，活泼开朗，个性奔放，热情、直率、独立，是天生的领导者。

4. 选择车站的人

这种人为人热情，气场强，办事风风火火，但性格急躁，没什么耐心，很有时间观念，讲究效率，之所以会选择车站这一约会地点，就是为了方便。工作中，他们很有热情，表现也很好，但人际关系处理得并不怎么样。

可见，选择什么样的约会地点，表面上看只是很小的一件事，却能从侧面看出此人的性格特征和为人处世的方式，是我们了解他人的一个很好的突破点。

第10章

潜意识与婚姻：从潜意识经营婚姻更美满

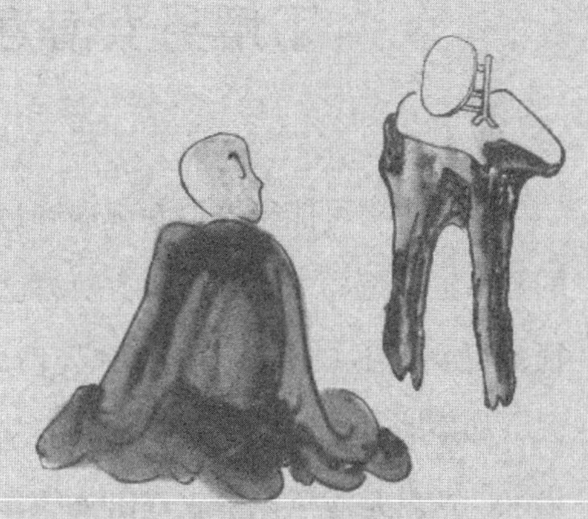

自古以来，“爱情”是人世间永恒的主题。夫妻是一家，朝夕相处、共吃一锅、同床共枕，双方能够走到一起肯定是因为双方在某些方面彼此吸引。但毕竟夫妻是两个不同的个体，在潜意识层面，有很多迥异的部分，就像牙齿与舌头同处一口也有打架磕碰的时候，夫妻之间有时甚至在人生观、价值观等大的方面都有可能左右相持。在这个时候，我们就应当做到求同存异，尊重对方的观点、尊重对方的行为。事实上，恋爱的过程，也是两个不同的人相互了解、相互磨合、相互改正的过程。只有经历这些，两人才能最终走到一起。

了解男女潜意识中的异性符号

生活中，可能很多男女都遇到过这样的困惑：在某个场合，看到自己心仪的异性，该怎样才能知道对方对自己是不是也有同样的好感呢？正因为如此，很多男女都不知道如何把握和异性之间的距离感。事实上，不论男人还是女人，如果对某个异性有好感，人们从他（她）的一个眼神或一个小动作就能看出来，这就是潜意识中表现出来的异性符号。了解这些符号，能帮我们探察对方的心理，从而有助于我们采取更进一步的恋爱对策。

我们先来看下面的爱情故事：

在一次朋友组织的聚会上，28岁的小伙儿小军看到了小翠，小军完全被小翠迷住了，尤其是她那双清澈的大眼睛，回来后，小军怎么也忘不了。所以，他认定，这个单纯可爱的姑娘就是自己这辈子要娶的爱人。

然而，很快，小军又想到一个问题，他才和小翠认识不到一周的时间，小翠长得那么漂亮，又怎么会看上自己这个穷小子呢？他转念又想，几次接触下来，小翠好像对自己也有点意思。他为此十分纠结，到底怎样才能知道小翠的心思呢？

小军有个学心理学的朋友，在一次谈话中，这个朋友告诉他，看一个女人是不是喜欢你，只要看她的一些小动作便能知道。在朋友的一番指导下，小军决定主动试探一下小翠的态度。

这天，下班后，小军把小翠约到了他们上次见面的咖啡馆，刚开始的时候，他们面对面坐着，两个人谁都没有说话，沉默地喝着咖啡。小军想让小翠先说点什么，但小翠只顾摆弄自己的手机。“糟了，她肯定对我没意思，不然怎么会一直玩手机呢？”小军心想。

“你想点一些别的什么小吃吗？都下班时间了，应该饿了。”小军很体贴地提建议。

“不用了，下午我在办公室吃过东西了，再说，我包里还有棒棒糖呢，如果你不介意的话，我可以拿出来吃吗？”小翠很调皮地说。

“当然可以。”

接下来，小军的心终于定下来了，因为他的朋友告诉他，如果一个女人当着你的面舔嘴唇或者吃棒棒糖，那么，她就是在向你示爱。

另外，小军还注意到一点，小翠在和他说话的时候，一边吃棒棒糖，一遍用手摆弄自己的头发，这也是示爱的动作。

自打这次见面以后，小军肯定了小翠对自己的感觉，于是，他趁热打铁，对小翠紧追不舍，不到一个月的工夫，他就与小翠成为了男女朋友。

这是一个美好的结局。故事中，青年小军不知道小翠对自己的态度，于是，在朋友的指导下，他在与小翠约会时注意到对方有几个示爱的动作，比如吃棒棒糖、拨弄头发等，从而确定了小翠的想法。

从这个故事中，我们也可以得出一点，男女交往中，想知道自己是否获得异性的好感，有时只需要看对方的一个微小动作。接下来，我们看看两性专家是如何教你识别男女的异性符号的：

1. 男人篇：

①保持微笑

一切的好感都是从笑容开始的，这也是一个男人对异性表达好感最简单的方式。

②双手插兜

男性在面对你站立时，如果将双手置于胯部或者手插裤兜，那么，这是他在为了吸引你的注意而表示出来的自信。

③眼神专注

如果他长时间地盯着你看，那么，这是表达爱慕的重要标志，他一定认为你与众不同，你的一颦一笑可能都吸引着他。

④倾斜头部

当一个男性在与你说话时，如果他还睁大眼睛，这说明他对你的每一句话都感兴趣。研究发现，当人们被某人所吸引时，瞳孔会自然地扩张变大，用以引起对方注意。

⑤眉毛抬高

当你们有所交流时，他的眉毛一直保持上抬，这是一个示爱的确切信号。

⑥轻微肢体触碰

在交谈时不经意地碰触你的胳膊或者腰部，这绝对是示爱的直接方式。但不宜过分，适当的接触就好。

2. 女人篇：

①舔嘴唇

研究发现，当女人对某个男性产生兴趣时，会不自觉地舔嘴唇。这个动作的确会吸引男人的注意，甚至让他想入非非。当然在公共场合舔嘴唇可能不妥，所以，一些女性会选择吃糖果来达到同样的效果。

②冲他点头微笑

谁也不能抗拒微笑的魅力，一般来说，女性在面对自己心仪的异性时，都会冲对方微笑，如果男方会意，则会点头回应，那么，一场浪漫的爱情可能就开始了。

③拨弄头发

在遇到心仪的男性时，女性会下意识地拨弄或者整理头发，这个动作在很多男性眼中是性感的举动。

④膝盖和脚尖朝向对方

如果男女双方不是并排坐在车上，而女性对该男性有兴趣，就会同时用膝盖和脚尖朝向对方，这是在告诉他“我对你很感兴趣”。

无论男女，在面对心仪的异性时，身体、表情都会下意识地发生变化，观察异性的这些潜意识表现出来的信号，能帮助我们了解对方的心意。

拆不散的爱情：感情越是受阻，关系越是亲密

爱情源于两个人的相互吸引，是感性的，自古以来，美好的爱情一直是人们所向往的，谁都希望与自己的爱人共结连理、矢志不渝。然而，现实的生活中，因为种种原因，不少人的爱情都遇到了来自各方面的阻力，而在阻力面前，这些人反倒更加坚定自己的信念，这是为什么呢？

我们先来看看心理学上的这一现象——“罗密欧与朱丽叶效应”。

这一效应的由来是：在莎士比业的经典名剧《罗密欧与朱丽叶》中，主人公罗密欧与朱丽叶两人相爱了，但双方的家庭之间是世仇，对于他们之间的爱情，双方家长都很反对。面对外界强大的压力，他们并没有结束爱情，而是选择了殉情。

“罗密欧与朱丽叶效应”就来源于这个故事，它是指，一般情况下，长辈和父母越是反对儿女的感情，这两人之间就越是会站在同一阵营，彼此之间的感情也会更深。也就是说，如果出现干扰恋爱双方爱情关系的外在力量，恋爱

双方的情感反而会更强烈，恋爱关系也会因此更加牢固。

那么，面对外界的阻力，为什么大部分情侣之间的关系会更亲密呢？这是因为人们的潜意识里，对于那些越是得不到的东西，就会越渴望，即人们都有害怕失去的心理。

我们先来看下面的故事：

有这样一对情侣，他们大学时代就相识。刚开始的时候，男孩的父母是表示强烈反对的。因为男孩是家里的独子，所以父母一心想让他大学毕业后回到家乡内蒙工作。而女孩也是家里的独生女，她的父母也想让她大学毕业后回到家乡广东工作。这样一想，男孩的父母头都大了，这到底去谁家好呢？这个女孩显然是不合适的。最合乎理想的是男孩大学毕业后先回到老家找一份稳定的工作，然后在本地找一个知根知底的女朋友，按部就班、万无一失地结婚、生子、过日子。但是，男孩显然不愿意听从父母的建议。

其实，男孩的父母心里很清楚，儿子从小就主意正，自己拿定主意的事情很难改变想法，而且，男孩的逆反心理很重，如果父母说得不对他的心意，他就会坚定地选择与父母对着干。因此，父母想来想去，虽然表示了强烈的反对，却一直没有采取具体的行动，因为他们生怕起到相反的效果，导致事与愿违：万一儿子一生气决定去女友家乡发展了呢？

男孩是个聪明的小伙子，他知道父母肯定也想到了这点，于是，他和女友商量好，哪里都不去，就待在他们读书的城市——北京，并且，他也让女孩这么跟家里“斗心”。当他们把想法告诉双方父母时，没想到四位老人都同意了，并且，他们还建议两个孩子再读个研究生，以后在北京落户也方便些。男孩喜出望外，马上就采纳了父母的建议。

其实，男孩敢于和父母对着干，就是因为他了解自己的父母，他们害怕自己的儿子因为逆反而一气之下去了广州。而当得知儿子作出了留在北京的决定之后，男孩的父母一颗心终于落地了，毕竟北京比广东距离内蒙近多了，而且儿子也不用去适应广东那与内蒙截然不同的环境气候与饮食习惯了。老两口自我安慰道：如果儿子能在北京落户，不也是很好吗？想儿子了随时就可以去看看，比去广州方便多了。而男孩的心里也美滋滋地，得到了父母的理解与支持，他与女友的爱情就显得更加美满了。

有情人终成眷属，这样的结局是我们渴望看到的。这里，让我们感到欣慰的是，面对父母的反对，这对情侣选择了曲线救国，攻心为上，而不是放弃这一段已经维系多年的感情。

有人问，人生在世，最珍贵的是什么？长久以来，大多数人认为世间最珍贵的东西是“得不到”和“已失去”。人们常说得不到的东西才是最珍贵的。是啊，因为得不到，我们才憧憬，才梦想，才穷其一生去追求。哪怕像飞蛾扑火，哪怕像空中楼阁，哪怕像懒汉仰头等待天上掉馅饼，哪怕像沙漠行者奔跑着扑向海市蜃楼。因为得不到，我们会怅然若失，会绝望，会撕心裂肺地痛。这种感觉会深刻地印在我们的记忆中，挥之不去；会时时困绕着我们的思想，影响着我们的生活，搅得我们寝食难安。我们念念不忘得不到的东西，于是便认定它才是最珍贵的。我们任何一个人，都希望自己爱情顺利、婚姻幸福，然而，人们总是会遇到一些不和谐的因素，此时，就需要男女双方共同努力、共同经营，而不是轻易放弃。

当然，无论是爱情还是婚姻生活，都是需要我们经营的，相爱的双方能够走到一起，是需要彼此共同付出努力的。如果你的爱情受到了某种阻力，那么，千万不要轻易放弃，寻找积极的方法解决，最终你会收获幸福的婚姻。

如何识别男人花心与否

每个女性都希望自己能找到一位对自己死心塌地的爱人，但毕竟人是善于伪装的，一些花心男人也会掩饰自己的花心行为。但人的潜意识是不会撒谎的，而花心男人通常会做出一些“奇怪”的行为，因此，只要我们细心观察，就能找到蛛丝马迹。当然，如果他是个花心的男人，那么，你最好趁早斩断情丝。

我们先来看一个女人的自白：

“我认识我老公的时候，他当时正失恋。随后，他开始追我，那阵子我身体很不好，住在医院，他便天天去看我。但家里以及所有的朋友都反对我嫁他，其中一个朋友对我说，穷男人不能嫁，花心男人更不能嫁，如果又穷又花心，那就是火坑。他们告诉我他在我之前至少跟5个女人同居过。我没有介意，因为他并没有瞒我。结婚一个月后我怀孕了，到那时我才知道，他为了娶我，欠了很多债。我跟他商量，以后他的工资做日常开销，我的存起来，以备不时之需。他同意了。但因为我的工资比他高出很多，结果每个月发薪水那天，他都会发脾气。再后来女儿落地，他却在那个时候辞了职，说是要做生意。我把我全部的积蓄都给了他。”

“不幸的是，他根本不是做生意的料，钱全部赔掉了。孩子出生后三个月，我就开始上班了，因为家里实在没钱了。而就在那个时候，我发现他有了外遇。他对我坦白，说他过去的那个女朋友来找他了。我当时就哭了，但他向我保证，以后不会再做对不起我的事情。但不久，我就撞到他们在一起，那一次，他竟然当着她的面对我说离婚。那件事情对我打击很大，我病了很长时间。大概两个月后，他来找我，诅咒发誓，甚至跪在我面前求我，我相信了他。但不料，我又发现了他和那个女人的暧昧短信。最近我发现自己又怀孕了，我说等我把孩子流掉之后，咱们分开吧。他说，不要老说这些话，我跟她没有可能的，你永远是我的老婆。他说想要这个孩子，但是被他伤了这么多次之后，真的很难再去相信他，我到底应该怎么办？”

在听完这段故事之后，也许你会说，遇到这样的男人还有什么犹豫的？可换句话说，如果这样的事情发生在她周围的任何一个朋友身上，估计她自己都会坚定地说：“离婚！”花心男人假如屡屡得手，必然是有恃无恐越发猖狂，同时，越来越把你当傻瓜。所以，尽早识破花心男人，既可维护社会安定，也可维护你的个人尊严。在这个问题上，女人决不能心慈手软、姑息养奸。

可是，也许有些女人会问：怎样才能尽早识别身边的男人是不是花心呢？

1. 突然袭击——去他家，看他的反应

如果他是个专一的男人，那么，当他知道你已经在他家楼下，他一定很高兴，然后亲自去楼下接你；而如果他是个花心的男人，那么，他家肯定有什么不可告人的秘密，当你提出突然要上去看看时，他一定会找借口推脱，如果他惊慌失措地出言拒绝，那一定是心里有鬼，即使不是花心，也是难以信任的，和他交往还是小心为妙。

2. 公共场合，看他对你的态度

有些男人在私底下对自己的女朋友很好，甚至会提出一些亲热的要求，而一到了公共场合，他就装出一副不认识你或者与你不熟悉的态度，也不愿意把你介绍给他的朋友，如果是这样，他肯定有问题。要对此进行判断，你不妨主动要求其把你介绍给他的熟人，注意观察他的表情；再或者，你可以主动靠近他，在他朋友面前做出亲昵的举动，要是他的朋友知道他和别的女人有染，他一定会因此狼狈不堪。

3. 看他的手机状态及接听方式

那些花心的男人通常在对待自己的手机上会有以下这些表现：回家后总是把手机小心翼翼地放在自己身边，而且，无论是响起来电铃声还是短消息的提示音，他都会第一时间拿起独自查看，回复短消息也是悄然进行。

当你想拿他手机打个电话时，如果他有问题，那么，他肯定找个办法拒绝，实在无法拒绝的时候，他会监视着你使用电话；即便如此，在你借用电话时他仍会坐立不安，一旦发现你有查阅手机记录的迹象，会立马抢夺手机。

4. 要清楚他的收支状况

男人花心也是需要代价的，至少他要在金钱上应付两个或者更多的女人。因此，你要多留个心眼，如果他莫名其妙地花去了一大笔钱却并没有告诉你，或者在他的口袋里发现了某些适合男女约会的场所的收据，那么，你最好要搞清楚真相了。

5. 看他身上残留下的香水味道

女人一般都有自己钟爱的香水品牌，所以，如果有一天他的身上残留着你认为陌生的香味，那他就很可能与别的女人有染了。这是一条很古老的鉴别方法，却很有效。

6. 看看他是不是真的在加班、开会等

有些男人经常向自己的女朋友谎报自己正在加班、见客户，其实，他们是为了与其他女人约会，对此，你不妨根据他说的，亲自去现场一查究竟。当然，对于你的突然到访你要找个好点的借口，比如，顺路送点汤、在附近逛街等。如果结论是他说了谎，那你就需要重新认识这个男人了。需要指出的是，这一条务必慎重，仅凭本条是没法最终定案的。

婚姻中的“不理解”是怎么造成的

我们都知道，婚姻生活中，免不了磕磕碰碰，每每遇到婚姻中出现问题、双方吵得不可开交时，我们都会说：“为什么你就是不理解我？”其实，我们原本就忽视了一点，婚姻本来就是由夫妻双方这两个完全不同的个体组织起来的。婚姻需要相互包容，夫妻之间，无论如何，都要学会心平气和地沟通，如果关闭了沟通这道门，就会造成真正的不理解。

吴强和林晓是一对情侣，两人的性格可以说是互补关系。吴强性格开朗，喜欢结交朋友，常常会因此忘了时间。林晓刚好相反，无论什么时候，她都是一副文静的样子，就连笑起来都显得那么秀气，她很不喜欢与外界打交道。

吴强有一个最大的爱好，那就是跳舞，每个周末他都会去跳舞，这个爱好最令林晓头痛。因为她最讨厌在这种环境下待着，如果可能，她会选择在家看书或睡觉来打发时间。可是，吴强却每次都要拉着她一起去，非得让她坐陪，美其名曰：“有个美女坐在台下观战，我会跳得更加起劲！”

此刻，林晓独自一人坐在台下，看着台上疯狂的吴强，她有些不满，她决定无论如何也要与他摊牌，以后她再也不愿意到这种场合来了。于是，回家路上，林晓说道：“没想到你的慢四跳得越来越好了，不过我还没看够呢，要不你今天就一路跳回去吧！”听到这里，吴强做了个鬼脸：“你还真想累死我啊？亏你想得出来，那我得跳到什么时候才能到家啊？深更半夜的，你也不怕我被强盗打劫啊！”听了他的话，林晓趁机说道：“你怕什么啊，一个大老爷们，刚才你把我一个人扔在舞厅的时候，你都不怕我被人占便宜吗？”听到这里，吴明才明白，原来林晓在为陪他来跳舞这事不满呢，赶紧追上林晓赔不是。

吴明与林晓是一对情侣，双方性格不同，爱好自然也就不同。性格开朗的吴明喜欢跳舞，每次都要拉上林晓。在这种混乱的环境中，林晓很生气。然而，她并没有直接吵闹，而是借用幽默的方式来表达不满，让吴明自己意识到错误。这样一来，不仅问题得到解决，吴明也会更喜欢这个替他着想的女友了。

所以，处于婚恋中的人们都要明白一点，一定要学会站在对方的角度看问题，学会理解和包容对方，这样才是婚姻长久的根基。

为此，无论男女，都需要记住：

1. 女人要信任男人

任何一个女人都要明白，即便你的男人爱你，你也要注意不要全然解剖彼此的心灵，那样的话只会留下情感的僵尸！

生活中，我们常提到“信任”一词，可以说，信任是爱人之间感情存在的基础，一对互不认识的男女牵手靠信任，恋人由恋爱进入婚姻的殿堂也是靠信任。任何一个男人，都希望自己的妻子或女朋友能够充分信任自己，而猜忌是感情的最大杀手。但事实上，猜忌也是婚恋中的女人的通病，在我们的身边，我们似乎总是看到这样一些看似“精明”的妻子，她们翻看丈夫的公文包，探询丈夫的行踪，查阅丈夫的手机信息，试图为自己的猜想找到蛛丝马迹，结果往往酿出一场场家庭悲剧。

的确，我们不能否认的是，女人的猜疑心、控制欲是与生俱来的，因为女人缺乏安全感，而这一点，在现代婚恋中表现得更加明显。尤其是现代社会，家外花花草草的诱惑真的很多，女性更是防不胜防，管不胜管。但假如你因缺乏自信而心生多疑，因担心男人去采摘路边的野花而处处设防，甚至通过侵犯对方的隐私来捕风捉影，那么，只能激怒对方。爱需要自由的空间，再长久的爱情都经不住质疑，感情一旦产生信任危机，便岌岌可危了。这一点，对于任何一个女人来说，都要牢记。

2. 男人要体谅和理解女人

很多男人在婚前都对女友百般疼爱，尤其是在追求爱情的过程中，更是使出浑身解数，说尽各种甜言蜜语；一旦结婚，他们似乎就有一种“既成事实”的感觉，认为只需要赚钱养家、给老婆充足的物质生活即可。实际上，婚姻中的女人同样需要各种体谅。很多男人常说，女人是一种奇怪的动物，你根本无法了解到她内心想的是什么。的确，男人很难读懂女人，更难读懂自己的妻子。因为男人没有用心去读。其实，女人是可爱的，也是脆弱的。而人群中，你最关心的女人——你的妻子，可能也常常会让你感到疑惑。她嘴里问你为什么不表示意见，心里却生怕你表示意见；她嘴里叫你滚开，心里却想你把她搂得更紧一点。

总之，“爱”这个字眼是阳光的，在一个充满了猜忌、自私的环境里，爱会消失殆尽；而在一个相互尊重、接纳、诚恳的环境里，爱会茁壮成长。

男女其实是互补和对抗的两个潜意识个体

任何一个人，都希望拥有和睦、温馨的婚姻，然而，家庭生活本身就是由性格、生活习惯等不同的夫妻双方组成的，难免会出现一些不和谐的因素，但只要我们能做到心平气和，尊重、理解和包容对方，是能做到求同存异的。

心理学家指出，男女其实是互补和对抗的两个潜意识个体，所以，男女双方想走到一起，是必须要经过一段时间的磨合的，直到双方能接受并且习惯彼此相同或者不同的部分。

银行职员张先生就是个善于经营家庭生活的人。他这样陈述道：

妻子有着一般女人的爱好——逛街，而且经常是日出时出门，日落时还不进门。因为这一点，我和妻子在结婚之初闹过很多次矛盾。

记得那一次，五一长假的第一天，她就拉着我去陪她逛街，我只好硬着头皮去了。谁知道，妻子这个好动的女人，对什么都感兴趣，一会看看这个，一会看看那个，对于自己想买的东西，不仅要货比三家，还要讨价还价，我实在受不了，就催她赶紧付钱，结果妻子不高兴了。回家后，我们吵了一架。

自从那次后，只要妻子再拉我去逛街，我都千方百计地找借口推辞，时间长了，她也就不喊我了，而是找自己的姐妹。

其实，刚结婚时，我也希望能把妻子好动的性格扭转过来，希望她也能和我一样在家看看报纸，看看新闻，多学点东西，但仔细想想，把个人喜好和性格强加于人，无异于帮助别人制造痛苦，我的打算也就此“流产”。

如何协调夫妻关系呢？后来，我在翻阅历史书和看新闻时，都看到“求同存异”四个字，这四个字给了我启示，夫妻间也可以求同存异。跟妻商量，她赞同这观点。于是，我们作了进一步协商，一致认为，妻好动，就让她去参与适合她的活动，我喜静，则由我去从事自己喜欢的事儿，只要不超原则，即互不干涉；同时，我们觉得，还必须挖掘出一些共同点，否则，两个人的话题会越来越少。于是，我们买了副网球拍，傍晚时，我们就去小区的网球场锻炼。

时间证明，我们这套相处方法还是有效的。妻再去逛街，一般只会告知我一声，我也不用跟着去了。而我则待在家中做自己喜欢的事，如上网聊天看新闻，读书看报写文章，互不干扰，各得其乐。如今我们的婚姻已过了七年之痒，期间少有矛盾摩擦，恩爱和睦。我和妻子的性格如此不同却能和睦相处，我想应该就是求同存异的结果吧！

从张先生的经验之中，我们能看出，他之所以能和妻子和睦相处，恩爱如初，就是因为他们遵循了求同存异的相处之道。

夫妻之间求同存异，就是要尊重对方与自己不同的方面，尊重对方的个性，这也是一个人保持独立人格的基本要求。虽然两个人生活在同一片屋檐下，但每个人仍然是有自己的思想的个体，依然有各自的爱好和价值观。当然，求同存异也不是毫无底线地放任对方，只要对方的行为不破坏家庭的稳定，有利于保持对方的身心健康，我们就支持。存异的目的是为了求同，求同对于家庭来说，当然是为了家庭的温馨、家庭的幸福。

在婚姻中，若双方性格不同，而又试图把自己的喜好、习惯强加于对方，必当会引发很多矛盾。

因此，想要拥有一个和睦的家庭，就必须要学会求同存异。因此，在面对分歧的时候，我们需要掌握以下四要素：

沟通：相互沟通是维系婚姻家庭幸福的一个关键要素。有什么话不要憋在肚子里，多同对方交流，也让对方多了解自己，这样可以避免许多无谓的误会和矛盾。

慎重：在婚姻中，遇到事情要冷静对待，尤其是遇到问题和矛盾时，要保持理智，不可冲动，冲动不仅不能解决问题，反而会使问题变得更糟，最后受损失的还是整个家庭。

换位：有时候，己所不欲，勿施于人。不要把自己的想法强加给爱人。遇到问题的时候多进行一下换位思考，站在对方的角度上好好想想，这样，你就能更好地理解你的家人了。

快乐：只有快乐的心情才能构建起幸福的家庭。所以，进家门之前，请把在外面的烦恼通通抛掉，带一张笑脸回家。如果双方都能这样做，那么这个家一定会成为一个最最幸福的家庭。

要幸福，就要架一座心灵沟通的桥梁

我们任何人，都希望拥有和睦幸福的婚姻生活，都希望与爱人白头偕老；然而，人生漫漫，如果我们希望爱情婚姻经得起考验，就一定要在双方之间架起一座心灵沟通的桥梁，彼此敞开心扉。只有这样，才能共同面对婚姻中的风风雨雨。

事实上，沟通在婚姻家庭中实在太重要了。其实，夫妻之间免不了磕磕碰碰，可能有不少人在与家人争吵时都扮演了受害者的角色，但指责的话刚脱口而出，你就后悔了。或者你的本意也许是好的，可说出来却全变了味——这时一场争执往往在所难免，错误信息的传递眼看就要引发家庭大战。实际上，在问题出现的时候，只要你能静下心来，心平气和地与对方沟通与交流，是能免除很多家庭矛盾的。我们先来看下面两个故事：

约翰夫妇俩因为孩子的教育问题闹了点矛盾，互不理睬。在晚上就寝前，丈夫递给妻子一张字条，上面写着："明天早上7点叫醒我。"第二天，丈夫醒来时已是9点半。他急忙穿衣，只见床几上放着一张字条，上面写着："7点了，快起床！"

有一位先生下班回家后，发现他的妻子正在收拾行李。"你在干什么？"他问。

"我再也待不下去了，"她喊道，"一年到头老是争吵不休，我要离开这个家！"

先生困惑地站在那儿，望着他的妻子提着皮箱走出门去。忽然，他跑进寝室，从架子上抓起一个箱子。"等一等，"他喊道，"我也待不下去了，我和你一起走！"

的确，夫妻难免会因为一些生活琐事产生矛盾，但又不能快刀斩乱麻般地断绝情义；在这种"剪不断，理还乱"的感情状况下，无论哪一方来点幽默，都能化解矛盾，破涕为笑。

实际上，每对夫妻之间每天都可能会产生一些口角，但无论遇到何种矛盾，都不能凭一时情绪，与对方大吵一架；而应该调节自己的情绪，主动敞开心扉与对方沟通，那这才是创造和谐关系的秘密所在。

那么，我们是不是也该掌握一些调节家庭矛盾的方法呢？我们在与爱人产生矛盾而进行沟通时，需要掌握以下原则：

1. 带着情绪时不要沟通

情绪会直接影响你的沟通态度，进而影响沟通的效果。据说拿破仑的军队有一条纪律，就是士兵犯了错误之后，当官的不能马上批评。因为马上批评，双方都会受情绪影响，不如放一放再批评，这样效果更好。沟通亦然，带着情绪沟通，就很容易使沟通走偏。

2. 双方都要站在对方的角度给予必要的理解和肯定

因为任何结果都有理由，既然对方会形成和你不一样的意见和选择，一定有他（她）自己的理由和考虑，你应该理解。如果你表示一下理解，那么就相当于在情感上给了对方一个极大的安慰，使其郁积在胸中的不良情绪也得到缓解和疏通。

3. 要诚恳地道歉

不要认为自己没有错，其实只要是与爱人发生了矛盾，这里面就一定有你的错处。一个巴掌能拍得响吗？退一万步说，即使真的没有错，那么因为你和对方发生了矛盾进而伤害了家人的感情，这是不是错呢？所以，只要你想道歉，就一定能找出道歉的理由。理解和道歉之后，你再把自己的理由和道理讲出来，对方便会容易接受。

4. 不回避、不扩大、限定时间与主题

回避的实质是对抗、是不自信、是无奈；不对抗不是躲避，但是你可以采取一些技巧，比如说暂时撤离。如果情绪特别激动怎么办？你可以暂时撤离或者用幽默的方式把这个结打开。家庭生活中要学会幽默的技巧，甚至限定争吵的时间。“你说吧，我听你说”，这是最好的。即便有一些争执，“好，那么我们吵20分钟，你先说，我后说”，限定时间。

5. 不翻旧账、不指责

忌用“你总是……”“每次……”这样的语句用开放式语句“我觉得……你看呢”等澄清问题，探寻“怎样你会比较满意，”然后试行一周或一个月。

6. 找到解决的方法

问题澄清之后就该探索怎样办，彼此希望怎么样，然后可以试行。沟通了就应该有一个结果。若是两人各自生气甚至冷战好几天，总会留下阴影。要把吵架的过程变成沟通的过程，要澄清问题、探询结果，不要非得分清谁对谁错，家庭是个系统，出了问题往往是系统出了问题，运行模式出了问题。而且，风水轮流转，这从你主动谦让，下次我也会主动谦让。如果总是一方得理，那这个沟通就没有必要了。

家庭成员间意见不统一，有了矛盾之后，必须要及时地进行沟通。只有通过沟通统一了认识，化解了矛盾，才能使“梗阻”的家庭关系通畅起来，而一味地争吵是起不到任何作用的，反倒会令亲情淡薄、关系不和谐。当然，沟通有道，只有掌握了这其中的道理、技艺，才能使沟通取得良好的效果。

总之，相恋的感觉虽然美妙，然而，两个原本陌生的人走到一起，肯定会存在某些方面的分歧，因而，对方的做法或缺点让你心生不满是再正常不过的事情。我们遇到这种情形时，没必要大惊小怪，更没必要心生闷气，而应该静下心来心平气和地沟通，从而化解矛盾、增进感情。

第11章

有关直觉：直觉是对潜意识的归纳和总结

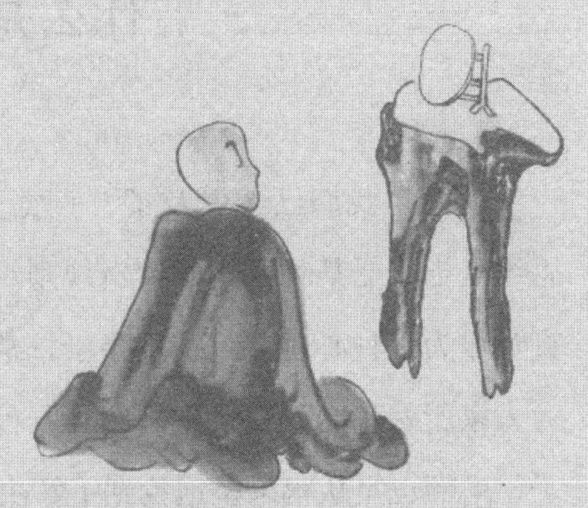

谈到潜意识，就不得不提直觉，直觉被广泛运用于人类的艺术、科技等创造性活动中。所谓直觉，是神经末梢未经推理直接洞察事物的本质，实际上，是我们的潜意识直接变为显意识的过程。有人认为直觉是神奇的，是虚无缥缈的，但其实不然，潜意识是直觉产生的前提，表面看起来，直觉显得缺乏逻辑，但实际上，逻辑是贯穿始终的，只不过没有被我们察觉而已。

什么是心理直觉

前面，我们已经提及了“直觉”一词，那么，什么是直觉思维呢？直觉思维是指不受某种固定的逻辑规则约束而直接领悟事物本质的一种思维形式。直觉作为一种心理现象，贯穿于日常生活之中，也贯穿于科学研究之中。例如为大家所熟悉的，古代中国的名匠鲁班就是受割手的丝茅草的启发而发明了锯子，牛顿也是从苹果坠地找到了解决引力问题的线索。

对直觉的理解有广义和狭义之分:

广义上的直觉是指包括直接的认知、情感和意志活动在内的一种心理现象，也就是说，它不仅是一个认知过程、认知方式，还是一种情感和意志的活动。

狭义上的直觉是指人类的一种基本的思维方式，当把直觉作为一种认知过程和思维方式时，便称之为直觉思维。狭义上的直觉或直觉思维，就是人脑对于突然出现在面前的事物、新现象、新问题及其关系的一种迅速识别、敏锐而深入洞察，直接的本质理解和综合的整体判断。简言之，直觉就是直接的觉察。

与分析思维比较，直觉思维具有以下六个方面的特征:

1. 直接性

即主体并不通过一步步的分析过程而直接获得对事物的全局的认识，这是直觉思维最基本和最显著的特征；

2. 快速性

直觉思维的产生时间很短，这种快速性令思维者对所进行的过程无法作出逻辑的解释；

3. 跳跃性

在认知过程中，分析思维展现的方式是常规思维，而直觉思维一旦出现，便摆脱了原先常规的束缚，从而产生认知过程的急速飞跃和渐进性的中断；

4. 个体性

它与思维者的知识经验和思维品质相联系，表现出直觉的个体特征；

5. 坚信感

主体以直觉方式得出结论时，理智清楚，意识明确，这使直觉有别于冲动性行为，主体对直觉结果的正确性或真理性具有本能的信念(但这并不意味着取消进一步分析加工和实验验证的必要性）；

6. 或然性

非逻辑思维是非必然的，有可能正确，也可能错误，表现出直觉思维的局限性。直觉思维与分析思维相比虽然有着明显的区别和不同，但二者的发生和形成并不矛盾。

在一定程度上，直觉思维就是分析思维的凝结或简缩，从表面上看，直觉思维过程中没有思维的“间接性”，但实际上，直觉思维正体现着由于“概括化”“简缩化”“语言化”或“内化”的作用，高度集中地“同化”或“知识迁移”的结果。

事实上，那些在某一领域成功的人无不是听从了直觉的指挥，然而，直觉的来临也是来自于他们在该领域过硬的专业技能，所以他们才有绝对的自信相信自己的直觉。

小泽征尔是世界著名的音乐指挥家。一次他去欧洲参加指挥家大赛，在进行前三名决赛时，他被安排在最后一个参赛，评判委员会交给他一张乐谱。小泽征尔以世界一流指挥家的风度，全神贯注地挥动着他的指挥棒，指挥一支世界一流的乐队，演奏具有国际水平的乐章。

演奏中，小泽征尔突然发现乐曲中出现不和谐的地方。开始，他以为是演奏家们演奏错了，就指挥乐队停下来重奏一次，但仍觉得不自然。这时，在场的作曲家和评判委员会权威人士都郑重声明乐谱没问题，这是小泽征尔的错觉。他被大家弄得十分难堪。在这庄严的音乐厅内，面对几百名国际音乐大师和权威，他不免对自己的判断产生了动摇，但是，他考虑再三，坚信自己的判断是正确的，于是，大吼一声："不！一定是乐谱错了！"他的喊声一落音，评判台上那些高傲的评委们立即站起来向他报以热烈的掌声，祝贺他大赛夺魁。原来，这是评委们精心设计的圈套。前面的选手虽然也发现了问题，却放弃了自己的意见。

这则故事中，倘若小泽征尔不能坚信自己的判断是在正确的，和其他几位选手一样，即使发现了问题也不敢提出来，或者放弃自己的意见，那么，在这场比赛中，他也只能和其他选手一样，被淘汰出局。

所以，我们可以说，直觉实质上是对熟悉事物的再认识，在相关知识基础上的再认识。再认识可以看作是直觉的孕育形式，再认识达到一定的深刻程度就可能产生直觉。在这种情况下，直觉显然不过是理性思维过程的简化、凝缩，采取了"跳跃"的形式。思维的一系列细节过程被省略了，跃过了许多中间环节，一下子将问题的答案呈现在面前。总之，直觉的产生是以对该领域的深入研究和透彻了解为基础的。

人都会不自觉地接受暗示

曾经有一个关于A箱和B箱的实验。“A箱和B箱”是曾经在电视和研讨会上所作的表演，演示者的目的是让大家更理解潜意识在沟通上的重要性。

“请你想象一下，这里有两个箱子，A箱和B箱。”演示者用手势指示了两个想象的箱子的位置。

“请你凭直觉立刻想象其中一个箱子。”

被要求的人，会立刻回答说：“嗯，A箱。”

“为什么选择 A箱？”

“没什么，就是觉得……”

演示者带着微笑，非常理解地点头。“你以为是自己选择了A箱，其实不然——是‘我’叫你‘选择’A箱的。”

“你叫我选的？什么意思呢？”

后来，很多演示者都做过这样的心理控制实验，总是有很多自愿者参加。其实可以我们也可以轻易让对方选择你所指定的箱子，秘密就在于用手势指示箱子位置的时候，我们可以先用左手指示“这里有A箱”，再用右手指示“这里是B箱”，然后放下双手。接着问：“如果要立刻选择的话，你会选择哪一个？”而在说到“立刻”时，要大胆举起左手指示A箱的位置。如此，“A箱”的印象就会跳进对方的潜意识里，被迫用直觉选择时，“A箱”较容易浮现在对方脑海。当然，对方在意识上完全不会察觉，所以会以为是自己无意中的选择。

这则心理学试验表明一点，人都在不自觉地接受周围的暗示。再比如：

在英国伦敦，有座著名的菲里埃大桥，这座大桥的桥身是黑色的。说来奇怪，自从这座大桥建成后，每年就有很多人在这里跳水自尽。后来，这些自杀的人的数量惊人，这一现象引起了伦敦皇家科学院的科研人员的重视，他们开始着手追查原因。后来，科学院的医学专家普里森博士提出这与桥身是黑色有关时，不少人还将他的提议当作笑料来议论。

在连续三年都没找出好办法的无奈情况下，英国政府接受建议，试着将黑色的桥身换掉，这下奇迹竟发生了：自从桥身改为蓝色后，跳桥自杀的人数当年就减少了56. 4%，普里森为此而声誉大增。

为什么有那么多的人在这座桥上自杀？这里，我们不难看出，原因在于菲里埃大桥的桥身颜色。黑色让这些自杀者的心情更加抑郁。黑色则代表死亡和黑暗，令人产生悲哀、黯淡、伤感和压迫的感觉。

生活中，我们经常会遇到这样一种难题：我们苦口婆心地劝说某人选择某项事物，对方却因为心里疑虑或者心存芥蒂而与我们唱反调，此时，我们该怎么办？不少人可能会采取强迫的态度让对方选择，但最终事与愿违。其实，我们完全可以操纵对方的选择，只要我们能熟练使用暗示法，

可见，利用潜意识暗示，会轻松很多。我们都是这样，可能在不知不觉中受到他人的操纵。生活中有大量的话不用直接说出来，可以用暗示的方法表达，暗示是生活中最常见的一种特殊心理现象。它是人或周围环境以言语或非言语的方式向个体发出信息，个体无意识地接受了这种信息，从而作出一定的心理或行为反应的一种心理现象。巴甫洛夫说过：暗示是人类最简化、最经典的条件反射，可极大地诱发人的潜能。

那么，具体说来，我们该怎样利用暗示法影响他人的选择呢？

1. 语言暗示法

这是暗示的最普遍的方式，因为通常情况下，人们在用直接的语言无法表达的时候，最先想到的就是隐晦的语言，以此来旁敲侧击，表达自己的主观意愿。

同时，暗示的目的是为了调动潜意识的力量，让对方作出我们希望看到

的选择，因此，暗示的语言首先要精炼，不能用复杂的语言进行描述，因为人的潜意识一般不懂得逻辑，喜欢直来直去。其次，一定要使用积极、肯定的语言，用肯定句进行暗示，消极的语言暗示恐怕只会适得其反。

2. 动作暗示

人的肢体发出的各个动作，是人的第二语言，在表达上有时候比语言更有效。因为人的一举手一投足，一回眸一顾盼，都能表现特定的立场，表示特定的寄义。“A箱和B箱”这一表演便是动作暗示得到的结果。

就拿手来说，手的动作更能起到间接沟通的作用：如果对方伸出手来表示想与你握手，而你也伸出一只手送上去握住它，那就暗示了你的交往诚意；若你伸出两只手送上去紧握它，那就暗示了你的热情；若是你懒懒地握住对方的手，或者干脆手也舍不得伸出去，那就意味着你不想与他交朋友。

说服他人时，如果有些话不适合说，那么，你不妨借助你的肢体语言来表达，一般情况下，对方都会明白你的暗示。

3. 眼睛也是传神达意的最好身体部位

正如人们常说的，眼睛是心灵的窗户。如果对方表达意见时，你双目发光，瞳孔放大，表明你对对方说的话很感兴趣，并赞同。而如果你的眉毛挑高，眼睛四处张望，表示了你对对方意见的不屑……

可见，在日常生活中，我们要学会暗示，掌握一些暗示的方法，如此，我们便能轻松影响甚至掌控他人的选择和决定！

从潜意识和直觉获得创造性灵感

几千年以来，人类文明的进步得益于人类的创造性活动，懂得创造让人类变得“既聪明又高明”，而创造得益于人类思维的进步。然而，在人类的思维活动中，最直接的是灵感的活动，灵感的出现可以说是对人类思维、能力和观念等的综合，是直觉给我们最直接的启示。在很多创造性活动中，灵感都起到了直接供应第一手材料的作用，我们的头脑中是否能产生灵感，直接关系到我们创造力的高低。

实际上，人类在很早的时候就发现了灵感的存在，比如谚语“踏破鞋贴无觅处，得来全不费功夫”就是对灵感最形象的表述。其实，灵感并不神秘，也并不是虚无缥缈的，它在我们的生活和工作中也经常出现，比如，工作中，面对某个难题，我们苦思冥想，就是找不到答案，最后却在梦中、在洗澡或者吃饭的时候找到了答案；牛顿也是无意间在苹果树底下产生了万有引力定律的灵感；许多伟大的音乐家、画家艺术灵感的获得，也绝非绞尽脑汁后的结果，而是他们在田野间、在漫步时、在梦境中得到的。

因此，我们每个人在培养自己的思维能力这一点上，都要重视直觉的作用。相信你们都使用过鼠标，而鼠标的发明，就是来源于道格拉斯·恩格尔巴特一次偶然的灵感。

鼠标被IEEE列为计算机诞生50年来世界计算机业界最重大的事件之一。“老鼠”和芯片一道闯进了计算机殿堂。

发明者、美国人道格拉斯·恩格尔巴特曾经只是把自己的构思画在了笔记本上，然后，他随身携带这本笔记本达数年之久。

在20世纪60年代初的一次会议上，他感到会议很无趣，便随掏出自己的笔记本，然后随手画了一只可爱的小老鼠，不过与众不同的是，这只老鼠的尾巴比真正的老鼠要长很多，这就是后来的鼠标的雏形。

后来，谁也没想到的是，这只小小的老鼠竟然投入生产并走进走入千家万户，可以说，世界220多个国家和地区的1. 44亿电脑用户，在使用电脑时都离不开鼠标器这只小小的“老鼠”。你轻轻一点，就能随心所欲地操纵计算机。

掌握了打开从无意识到有意识进化之门这把钥匙，就等于把握住了形象思维的方式。

不过，既然是灵感，就是不可多得的，就是稍纵即逝的，这需要我们抓住灵感，带着一颗敏锐的心去感知和触碰灵感。

我们来看下面一个女作家的心得：

“其实，我是个粗枝大叶的人，我也不认为自己有什么文学才华，但是我喜欢在闲暇时间，玩玩文字，写写自己的心情故事，用日记记录下幸福的点滴，自我安慰，自我欣赏，自我陶醉。无论是搭地铁还是坐公交、逛超市，抑或是一个人漫步于公园中，我都会拿上我的笔记本，记下在我脑海中一闪而过的念头，或是美丽的句子，或是感动的瞬间，有时候只是一些琐事，但是只要将它们记录下来，就是永恒的。现在，我将它们整理成了我的一本杂谈。”

的确，对于作家来说，最为重要的就是要抓住瞬间的灵感，而随身携带纸笔记录就是最好的方法。事实上，任何一个有创造力的人，他们都是善于观察生活的人，无论是艺术还是其他任何创造性活动，都来源于生活，细致的观察力是丰富潜意识储存库的基础。

我们再来看看以敏锐的观察力取得成功的一个故事：

日本的清酒与我国江南的黄酒比较类似，都是深受欢迎的普及型大众米酒。但日本的米酒在明治之前是比较浑浊的，这是美中不足之处。很多人想了各种办法，却找不到使酒变清的法子。那时候，有一个名叫善右卫门的小商人，以制作和经营米酒为生。一天，他与仆人发生了口角。仆人怀恨在心，伺机报复。他在晚间将炉灰倒入做成的米酒桶内，想让这批米酒变成废品，叫主人吃亏。干完了小勾当，这个卑劣的仆人逃之夭夭。

第二天早晨，善右卫门到酒厂查看，发现了一个从未有过的现象，原来浑浊的米酒变得清亮了。再细看一下，桶底有一层炉灰。他敏锐地觉得这些炉灰具有过滤浊酒的作用。他立即进行试验、研究。经过无数次的改进之后，终于找到了使浊酒变成清酒的办法，制成了后来畅销日本的清酒。

善右卫门似乎在一念之间就酿成了清酒，他的成功似乎是灵感乍现的结果，是神灵的格外恩赐。其实不然，这是他平时重视细节的收获。

总之，灵感来源于人的直觉，酝酿于潜意识之中，我们要懂得开发利用自己的潜意识和直觉来活动创造性灵感，从而帮助我们解决问题，提高创造性能力。

只给自己正向的暗示

我们都知道，人不可能永远处在心想事成之中，生活中既然有挫折、有烦恼，就会有消极的心态和情绪。一个心理成熟的人，不是没有消极情绪，而是善于调节和控制自己。心理专家指出，给自己的潜意识积极正面的暗示，能帮助人们改变心理状态，可以给人精神动力。

然而，生活中，许多人一陷入困境，就变得消极、悲观，甚至一蹶不振，其实，并不是困难打败了我们，而是我们自己打败了自己。我们要暗示自己，困境是另一种希望的开始，它往往预示着明天的好运气。因此，你只要放松自己，告诉自己希望是无所不在的，再大的困难也会变得渺小。这样，你也就能摆脱低落情绪了。

美国亿万富翁、工业家卡耐基说过："一个对自己的内心有完全支配能力的人，对他自己有权获得的任何其他东西也会有支配能力。"当我们开始运用积极的心态并把自己看成成功者时，我们就开始成功了。

可能很多人会产生疑问，如何才能具备积极的心态呢？其实，自我暗示法能使你从困难和逆境造成的不良情绪中振作起来。当坏心情降临时，你可以用某些哲理或某些名言安慰自己，鼓励自己同痛苦、逆境作斗争。自娱自乐，会使你的情绪好转。

比如，当你遇到了困难，正想放弃时，你可以告诉自己："我是最棒的，我一定能重新站起来。""别发火，发火会伤身体。"

另外，语言也是激励自己最好的工具，语言是影响情绪的强有力工具。如你悲伤时，朗诵滑稽的语句，可以消除悲伤。

对此，我们一定要摒除那些消极的习惯用语。

这些消极的习惯用语一般有：

"我好无助！"

"我该怎么办？"

"我真累坏了！"

……

相反，我们可以这样说来激励自己：

"忙了一天，现在心情真轻松。"

"上帝，考验我吧！"

"我要先把自己家里弄好。"

"我就不信我战胜不了你！"

当然，还有一些积极的信息也能对你起到暗示作用。

心理专家指出，人们负面心态和情绪的产生，很多时候是消极暗示的产物，也就是说，反过来，我们多给自己积极的暗示，就可以提高自信心。

那我们应该如何运用心理暗示，调节出自己的最佳状态呢？

1. 暗示语言要精炼

暗示的目的是为了调动潜意识的力量。但是，不能用复杂的语言进行描述，因为潜意识不懂得逻辑。应采用"我能行""我一定能成功""我会学会的""我一定能考出好成绩"等简单精练的语言进行暗示。

2. 采用积极的暗示

面对同样难度的事，有的人对自己充满信心，相信自己“很快就能做到”；有的人则缺乏信心，怀疑自己“根本做不到”。两种不同的心态，会令结果大相径庭。前者属于积极的暗示，即使遭遇失败，也不当一回事，只把做得好的印象深深印在脑子里，结果可能很快就成功了。而后者则属于消极的暗示，往往把失败的印象留在脑海中，这样做起来就费力费神多了。因此，永远不要对自己说：我很笨；我根本学不会；我不可能成功；我麻烦了；我真糟糕；我绝对不行，我肯定会失败；我一定赢不了……消极、负面的字眼会让你对自己产生消极的暗示，导致消极的行为。你要经常对自己进行积极的暗示，诸如“很快就能学会”“我非常棒”“我一定能赢”，这样会让你产生积极的思维和行为。

3. 主动接受正面信息

每天早上，当你起床后，就要接触那些积极的信息，如果可能，和一位积极心态者共进早餐或午餐。不要去看早上的电视新闻。你只要浏览一下当天报纸上的几条重要新闻即可，这几条新闻足以让你了解当今世界的重大新闻。你可以多关心一些与你的工作和生活有关的当地新闻，而对于那些惨案类的新闻，你要管住自己的眼睛，不要在早上就去阅读它们。在开车或者坐车去上班的路途中，你可以听一些愉快的音乐……而晚上，你不要花大量时间去玩网络游戏、看电视等，你应该多陪陪你的爱人和孩子，向他们讲讲当天的趣事。

4. 用肯定句

我们也许都有这样的经验，骑车时，看到前面有一棵大树，你不断告诫自己：“千万不要撞上去。”这时你可能就真的会撞上去。也就是说，你努力做到“千万不要撞上去”，反而会由于“相悖意象”的法则而使自己遭到失败。正确的想法应该是：“我一定能够绕过去。”这样你才能进入理想状态。因此，应把你的暗示性语言“我不会失败”“我不能失败”“我不能考砸了”“我不能生病”“我不能自卑”等改为“我一定会成功的”“我一定能考好”“我很健康”“我很自信”等积极性的语言。

总之，无论我们遇到什么事，都不要让消极心态有机可乘，要拒绝受控。一旦发现自己被消极心态袭击时，得马上自我保护，提醒自己它只不过是借软弱打倒理性的纯粹思维惯性而已，如此，你便能歼灭那些消极心态了。

如何从潜意识调节自己的睡眠质量

睡眠对于人们的重要意义早已毋庸置疑，然而，现代社会，好好睡一觉已经被不少人认为是一种奢侈，这些人都存在或轻或重的睡眠问题。目前，有近40%的人都被失眠困扰，其中有一半已被影响到日常的工作与生活。

人们总是以为，失眠是精神上或心理上的问题，主要是因为内心紧张、无法放松而造成的“脑神经衰弱”。但事实上，心理医生称，对于大部分有失眠痛苦的病人来说，他们在精神或者心理上完全没问题，并不是所有的失眠问题都应归咎到“脑神经衰弱”上。并且，专家提醒我们，倘若失眠超过一年，而没有经过适当的治疗，则容易产生精神方面的疾病，如忧郁症或焦虑症等。

那么，失眠是怎样产生的呢？

1. 身体因素

任何身体上的不适都有可能导致失眠。

2. 心理因素

在心理疾病方面，比如焦虑症、抑郁症，是会影响睡眠的，如果不治疗，睡眠也很难得到良好的改善。

3. 特定事件引发的睡眠问题

为此，催眠师在为一些失眠病人治疗时，会引导他们回答出以下几个问题，比如“你是从什么时候开始失眠的？”“在那之前的一段时间段里，工作、生活中是否发生过什么事件？”在这一引导下，催眠师就有可能找到患者失眠的原因。

曾经有这样一个案例：

一位女性来寻求心理治疗师的帮助，她说她失眠一个多月了，在治疗师的引导下，她进入了催眠状态，道明了自己失眠的原因：原来在一个多月前，她的同事流产了，而她认为同事流产和自己有关，因为就在那段时间，她感冒了。随后，她的那位同事也感冒了，然后这位女同事就流产了。她认为同事流产的原因是自己把感冒病毒传给了同事，为此感到十分内疚，结果就开始失眠了。然而，她根本没有发现自己失眠的原因，直到被治疗师催眠后才找到了事情的真相。

4. 无明显原因的失眠问题

一些人长期失眠，但身体也没有什么疾病。催眠专家把这种情况归结为压力造成的。而这个压力通常是精神压力、情绪压力、心理压力一类的。而且是短期内无法消除的压力。

我们再来看看一则案例：

有一位五十多岁的女性来寻求医生的帮助，她称自己长期失眠，经过了解，医生知道了她的一些情况，因为经济状况不好，夫妻离婚，她要供她儿子上大学，所以不得不努力打工挣钱。

医生决定帮她做催眠治疗，这个过程中，她始终处于紧张状态、放松不下来，尽管练习了很久，但依然做不到。

后来，在接受治疗的两周内，她可以好好睡觉了，然而，两周之后，她又开始失眠。她的这种情况，催眠的确可以改善她的睡眠情况，但效果并不能持久。因为她的压力会把她重新带回紧张的状态。其实，她应该学会在日常生活中调节自己的潜意识。

心理专家建议，要治疗失眠症，除了寻求催眠专家的帮助外，患者也可以通过自我暗示进行调节。不管你是哪种情况，不管是长期失眠，还是偶尔失眠，这个方法都可以帮助你缓解。

那么，我们该怎样做到自我调节呢？下面的方法能帮助你改善睡眠：

1.将你身上的某些束缚的东西先去掉或松开，比如发卡、领扣、腰带、护膝、护踝、鞋带等。

2. 找到自己认为最舒服的姿势躺下或者坐好（以不妨碍呼吸和各部位肌肉放松为前提）。

3. 轻轻闭上你的眼睛，然后很自然地作几次深呼吸，在这一过程中，你还要用心体验胸部和心脏的轻松、舒适。每次深呼吸后要体验一会儿，感到轻松、舒适后再作下一次。

4. 按照顺序放松你身体的各个部位

你可以按照以下顺序放松：两脚、双腿、臀部、胸部、双手、双臂、双肩、颈部、头部和面部肌肉。

要放松某个部位时，你可以先把注意力放到该部位，然后在心里默默地念该部位肌肉“放松、再放松”，接下来就是用心体会什么是放松的感觉。按照顺序放松，完成了该部位肌肉的放松后，你可以接着放松下一部位的肌肉。

5. 睡觉前进行自我暗示

“现在全身的肌肉已经十分放松了，很舒适，身体在一点点往下沉，下沉……”（此处，我们要体验的是这种全身肌肉放松的感觉，所以不要睁开眼）

“我的眼睛越闭越舒适，不想睁开，不想睁开……”（体验眼部睛舒适和不想睁开的感觉）

“我就要睡着了，就要睡着了，会睡得很踏实、很解乏，（具体时间自己拟定）准时醒来，醒来后身体轻松、头脑清晰、心情愉快……”

“从一数到五，我飘然进入催眠状态，一，二，三，四，五……”

其实，除了改善睡眠质量外，这种方法还可用来克服自卑感、增强记忆力和治疗身心疾病等，这是因为潜意识唤醒了你被压抑的心理对生理的控制力。

第12章

潜意识与人生：其实，你可以更幸福

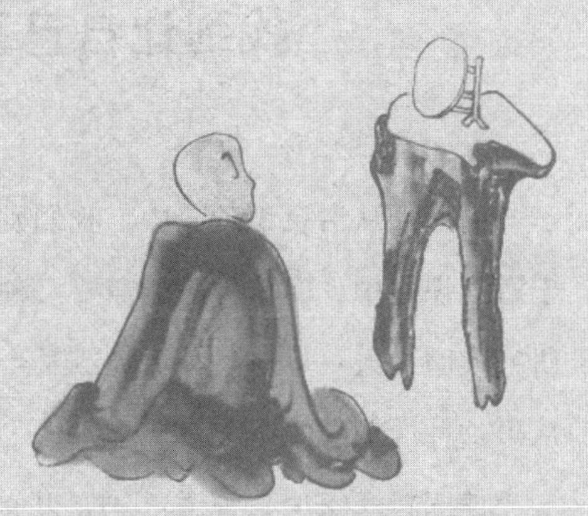

生活中，我们每个人穷尽一生，都在追求幸福，然而，什么是幸福？幸福又来自于哪里？这大概是我们每个人都在寻找的答案。实际上，幸福是人的一种感受，人们幸福与否，也是来自于潜意识传达出的感受。心理学专家建议，幸福在于把握现在，在于时刻感悟。有人说自己是不幸的，生活中总是充斥着烦恼，而实际上，人生的幸福与烦恼都是等量的，关键在于你如何感受。假如你用心去感受，你一定能被幸福包围。

找到让自己真正感兴趣的事

前面，从潜意识理论中，我们发现，人是拥有巨大的潜能的，人的潜能藏于潜意识之中，而这种潜能需要一种强烈的追求来激发，这就是兴趣。心理学研究表明，人一旦对某种活动或某个事物产生兴趣，就会倾注热情，就能提高从事这种活动的效率。

德国哲学家尼采曾说：“如果你想了解最真实的自我，那么，你首先要真诚地回答以下几个问题：什么才能让你感到灵魂得到了升华？什么能填满你的内心、让你感到喜悦？你究竟对什么东西入迷过？只要回答这些问题，便能明白自己的本质。那便是真正的你。”

尼采这句话里的含义是，一个人，只有找到令自己最感兴趣的事物，才能激发出自己的激情，才能让自己狂热起来，才会有所成就。

的确，人作为一种生物，所有的行为都是直接或者间接按照自己意志去行动的，而这一切都必须要有足够的动机。可能外界的压迫或者一时的发愤可以暂时充当这种动机，但是任何纯被动的行为都是无法持续太久的。只有有了内在的动力——兴趣，奋斗、努力的行为才能够高效地持久下去。

人们常说“兴趣是最好的老师”，科学家丁肇中用6年时间读完了别人10年的课程，最后终于发现了“J粒子”，记者问他：“你如此刻苦读书，不觉得很苦很累吗？”他回答：“不，不，不，一点儿也不，没有任何人强迫我这样做，正相反，我觉得很快活。因为有兴趣，我急于要探索物质世界的奥秘，比如搞物理实验，因为有兴趣，我可以两天两夜，甚至三天三夜待在实验室里，守在仪器旁。我急切地希望发现我要探索的东西。”

可见，兴趣是我们的原动力，有了兴趣，才有无穷的动力使你在某个领域当中越钻越深。有了兴趣，才有勤奋，有了勤奋，才能铸就辉煌和成功。

我们熟悉的玛丽·居里夫人的丈夫比埃尔·居里是很多人的学习榜样，他的经历同样告诉生活中的我们，人生路上，我们只有找到让自己感兴趣的事，才会产生热情，才会产生源源不断奋斗的动力，才是幸福的。

比埃尔·居里于1859年5月15日生于巴黎一个医生家庭里。他在童年和少年时期，并没有显示出与众不同的聪明。那时候的他在性格上好个人沉思，不易改变思路，沉默寡言，反应缓慢，不适应普通学校的灌注式知识训练，不能跟班学习，人们都说他心灵迟钝，所以他从小没有进过小学和中学。

为此，父亲常带他到乡间采集动、植、矿物标本，培养了他对自然的浓厚兴趣，学到了如何观察事物和如何解释它们的初步方法。居里14岁时，父母为他请了一位数理教师，他的数理进步极快，16岁便考得理学学士学位；进入巴黎大学后两年，又取得物理学硕士学位。1880年，他21岁时，和他哥哥雅克·居里一起研究晶体的特性，发现了晶体的压电效应。1891年，他研究物质的磁性与温度的关系，建立了居里定律：顺磁质的磁化系数与绝对温度成反比。他在进行科学研究时，还创造和改进了许多新仪器，例如压电水晶秤、居里天平、居里静电计等。1895年7月25日，比埃尔·居里与玛丽·居里结婚。

比埃尔·居里的成功我们让明白，一个人爱好学习，勤奋读书，就会学有所获。其实，不仅是学习，要想建筑成功的大厦，就必须有先天的或经后天培养而成的兴趣基础。有了兴趣，才有可能培养和形成敏锐的感觉与反应，累积可供运用和发挥的技术与技巧。

因此，我们在作自我剖析前，一定要记住，只有先搞清楚让自己狂热的事物是什么，才能找到努力和奋斗的方向，一个人如果在自己感兴趣的领域里从事自己最擅长的事情，那么，他成功的概率就会大大提高。

给自己积极的暗示，朝积极的方向努力

我们都知道，人是很容易被暗示的动物，一些人常常会迷失自己，无法客观地看待自己。但其实，我们也可以通过暗示来剔除内心负面的信息，然后暗示自己是优秀的，暗示自己应该抬头挺胸，当一个人感到自惭形秽时，积极的心理暗示能让他获得力量。

小蕾是个很勤奋的姑娘，但是有个缺点，那就是有点自卑，甚至做事扭捏。她在现在这家广告公司已经工作了五六年了，但这么长时间以来，她就像是个可有可无的人，因为她几乎没接过什么重要的任务，尽管在大家看来，小蕾是个人品好、工作认真的女孩。

最近，她似乎转运了，在公司的选举大会上，她被同事们选举为公司新部门的副主管，她总算进入了中层管理人员的行列。她好运连连，公司还给她安排了去法国总部进修的机会。

一直业绩平平的小蕾居然有这种机会！很多人都急红了眼，他们都争相往老总的办公室跑，希望也能争取到这个机会。

这天上午，小蕾正在整理资料，突然接到电话，经理让她去一趟。当她坐下后，经理笑着说："这次你被老总点名派去法国进修，说明公司对你寄予了厚望，你的工作能力和态度也是一直被公司肯定的，但这几天，一些资历老的同事不断来找我，让我十分为难。你也知道，说实话，他们的资历真的比你老，工作能力也不比你差，如果你能让步，下次我一定再给你争取更好的

机会。”

经理说完这些话后，小蕾傻站了半天，她不知道该怎么办。接着，经理让她回去好好想想。

小蕾实在不知道怎么办，最后，她决定给自己的好朋友李倩打个电话，让她为自己支个招。李倩告诉她，她只不过是心中无自信罢了。

接下来，李倩问小蕾：“如果你让出这次机会，你觉得别人会在背后怎么议论你？”小蕾并没有回答，李倩又说：“其实你是一个能力很强的女孩，不是吗？从小到大，你每次考试都能取得很好的成绩，你也曾在歌唱比赛中有很好的表现。你还记得吗，在台下，大家都为你鼓掌；你看到了吗，所有人欣羡的眼神……”

听到好姐妹这样说，小蕾的眼神里已经多了一份自信，然后，李倩继续对她说：“你以为别人会说你善解人意、先人后己吗？别傻了，他们会说你傻、缺心眼、没脑子。已经到手的学习、升职的机会你拱手于人，他们不但不会感激你，还会认为你是个白痴呢！而你的领导，也可能认为你缺乏干练的工作能力，你认为他下次会真的把机会留给你吗？你就别做梦了。”小蕾急了：“可是，经理还等着我回复呢，我要是不答应，那以后我还怎么在公司混啊？”

李倩继续说：“我劝你还是直接说自己需要这次机会，否则，你经理可能还会认为你扭捏作态呢！再说，万一这是他故意试探你的呢？如果你真的退让了，让别人拿走本该属于你的机会，以后他能稳稳当当地继续当领导，或者升职调去其他部门，那么你能剩下什么、得到什么？等到下次，说不定又有人要跟你抢呢！”

小蕾觉得李倩的话很有道理，于是，就采纳了她的意见，回复经理说：“我很感激公司和经理对自己的栽培，很珍惜这次出国进修的机会。”

进修回来后的小蕾果然干练、大方多了，少了很多过去的稚气。

这则案例中，我们看到了一个稚嫩的职场女孩在接受好朋友的心理疏导后变得积极、自信的过程，由于小蕾大胆表达了自己的想法，因而获得了历练的机会。

的确，生活中，我们可能更在意别人对我们的评价，我们无时无刻不在展现我们的心态，无时无刻不在表现希望或担忧。但如果别人不相信我们，如果别人因为我们的思想经常表现出消极软弱而认为我们无能和胆小，那么，我们将永远不可能担当大任。

人生的终极目标是幸福

我们都知道，人们穷其一生在追求的，就是“幸福”二字，生活中，人们总是会发出这样的感叹：我们穷其一生追求的到底是什么？是金钱？是地位？还是美貌？或是吃得好、穿得好？一些人认为，得到这些实质性的东西便是得到了幸福。而实际上，幸福并不是某种固定的实体，而是一种精神与物质的统一，是来自于我们的潜意识的，更多地表现在精神体验上。

美国心理学家戴维·迈尔斯和埃德·迪纳的曾经作过一项研究，这项研究表明，一个人的财富多少，与其幸福程度并没有很大的关联。相反，社会财富的增加并没有让人们变得更加幸福。在大多数国家，收入和幸福的相关性是可以忽略不计的；只有在最贫穷的国家里，收入才是适宜的标准。

由此可见，幸福不是获得更多的金钱与财富，而是一种潜意识上的美好体验，如果我们能学会享受现在的状态，学会调节潜意识，就会获得对幸福的正解，而产生真正的幸福感。

亚伯拉罕 ·林肯曾经说过：“对于大多数人来说，他们认定自己有多幸运，就有多幸运。” 一个人幸福不幸福，面对同样的生活经历，看你如何去理解，不同的看法导致不同的幸福感受。幸福不是追求来的，关键在于自己保持何种人生态度和对待他人的看法。

一日，老张听说妻子要带一个同事回家吃饭，便做了满满一桌子菜。席间，这位同事突然忍不住说道："我好羡慕你们，你们家里好温馨，好幸福。"正在给母亲夹菜的老张突然被这一句莫名其妙的话弄糊涂了，在一起吃顿饭就幸福吗？看到老张一家人都惊讶地望着她，她不好意思的说道："一家人围在一起吃饭，问寒问暖，相互说话，这样的生活我真的好羡慕。"

老张妻子开玩笑说道："你们两口子一月的收入是我们的好几倍，你们不幸福吗？"

这位朋友黯然失色道："我希望少挣点钱，一家人天天生活在一起，家里有老、有小、相聚在一起就是幸福。" 原来这位朋友夫妇二人都是挣钱的高手，但天各一方，孩子跟着爷爷奶奶，一家人生活在三个地方，在一起聚会的时间少，分离的时间多。所以她特别羡慕老张一家人天天生活在一起的日子。听这位朋友这么一说，老张突然感觉自己真的很幸福，只是每天忙碌于工作，忘记了去讨论幸福在哪里。

的确，家的平淡与温馨，只要经常置身其中，便会令人觉得那其实是自己一直期待着的。或许它无法给你带来大富大贵的光荣，只是平稳如四方八达的平台，只是平静如一望无边的湖泊，但是那种宁静与从容，能够让你感受的便是一种平安的幸福感觉。

不同的人有不同的幸福体会，它是一种心态体验，故事中老张妻子的同事因为一家人分离，特别羡慕生活在一起的一家人；经济拮据的人突然得到他人的馈赠一定也能感受到幸福；天天忙碌的人突然让他休息一天也很惬意……幸福没有标准，因人因事而异。但无论如何，幸福都不是金钱可以衡量的，一个人，如果对金钱充满欲望，那么，他很可能最终成为金钱的奴隶，这样的人，又怎么能用心感受到幸福呢？

那么，我们该怎样做才能感受到幸福呢？

首先，我们应该保持内心的纯净。

有一句名言：如果心不造作，就是自然喜悦，这就好像水如果不加搅动，本性是透明清澈的。接纳自己的第一步就是让内心淡定，只要你的心是纯净的，那么，你就能接受幸福，接受快乐，淡化痛苦。反过来，如果你内心躁动，你又怎么能看到最本真的自己？

其次，我们要学会走自己的路。

人与人总是不同的个体，生活也会因人而异，不同的人在同一件事情上，看待事情得到的结论总是不同的。另外，他人不可能参与到你的生活中来，因此，我们大可以告诉自己："走自己的路，让别人去说吧。"

最后，我们还应该学会享受现在的生活。

钱钟书先生在《围城》里对人的本性有过精彩的论述，"围在城里的人想出来，城外的人想冲进去，对婚姻也罢，职业也罢，人生的愿望大都如此！"当你得到一样，就总想得到另外一样。但你想过没有，如果你处于城中，为何不好好享受城中的生活呢？其实冲进去或是走出来，也不过是一种意识形态，里或外的区别不过是自己的心给出的答案。

我们周围的世界总是在发生着变化，和外在行为的动静相比，内心的动静才是根本，精神才是人类生活的本源。不与人攀比，这样内心才能宁静而不浮躁，要随遇而安，适可而止，知足常乐。

你愿意为梦想作出改变吗

我们都知道，每个人都有巨大的潜能，而潜意识就藏于人的潜意识之中。

人的潜意识对于人的身体和力量，有着令人难以置信的影响。而唯有具备长久的欲望和动机，人的潜意识才能被激发出来。而人的梦想就是人的欲望和动机的来源。

然而，生活中，面对梦想，有些人慨叹：其实我并不喜欢现在的生活，我有自己的梦想……谈了一大堆的计划，一大堆的梦想，可是，最后他们并没有去实践，如果有人发问，他们还会摇摇头说：不行啊，无奈啊，没办法啊……真的有那么无奈吗？既然无力改变又何必总是埋怨？如果埋怨、不满，又为何不去努力改变？

当你对工作、对生活有了最初的梦想后，你是否能够大胆地去实践？还是仅仅把它作为一个遥不可及的梦想，最后只能默默地埋藏在心底，到老了才感到莫大的遗憾？

在第一次世界大战期间，法国有个很著名的上校叫泰勒，当时，他任第六师师长，他的处事方式很令人钦佩。

有一次，在他的儿子向他告别时，他告诫儿子说："孩子，记住，你的姓是泰勒，泰勒这个姓代表着做事能力。你永远不可以靠边站，让出路给其他敢于冒险的人走。你要冒险向前使他们让出路来给你走。"

接着，他继续说道："大街上行人拥挤，交通阻塞，但呼啸的消防车飞驰而过时，大家都自动地让出路来。当然你偶尔也会感到沮丧、软弱，但这正是你需要鼓起战斗勇气的时刻。只要你迈步向前，沮丧、软弱都会躲开你。"

一个人不愿改变自己，往往是舍不得放弃目前的安逸状况。而当你发觉不改变已然不行的时候，你已经失去了很多宝贵的机会。任何成功都源于改变自己，你只有不断地剥落自己身上守旧的缺点，才能做到敢为人先，才能抓住第一个机会，才能实现自己的进步、完善、成长和成熟。

我们大多数人都与梦想渐行渐远。为什么呢？因为我们都认为梦想终归是梦想，只把它当成了遥不可及、无法实现的目标，而始终没有为梦想作出改变，并且，我们能找出很多自己的理由，比如，我没有足够的资金开创自己的事业；我的学历不高；竞争太激烈，做这个太冒险了；我没有时间；我的家人不支持我……而没有足够的资金，没有学历，没有这个那个，其实都是缺乏意志力的人为自己找到的冠冕堂皇的借口。别忘了那句最常听说却最容易忽略的话：事在人为。

其实，我们每个人都应该为梦想而努力，只要想做，并坚信自己能成功，那么你就能做成。这正是行动的作用。世界著名博士贝尔曾经说过这么一段至理名言："想着成功，看看成功，心中便有一股力量催促你迈向期望的目标，当水到渠成的时候，你就可以支配环境了。"

杰克森从大学毕业后，进入一家企业做财务工作，尽管赚钱很多，但杰克森很少有成就感，他不喜欢枯燥、单调、乏味的财务工作，他真正的兴趣在于投资，做投资基金的经理人。

在一次旅途的飞机上，杰克森与邻座的一位先生攀谈起来，由于邻座的先生手中正拿着一本有关投资基金方面的书，双方很自然地就转入了有关投资的话题。杰克森特别开心，总算可以痛快地谈论自己感兴趣的投资了，因此就把自己的观念，以及现在的职业与理想都告诉了这位先生。这位先生静静地听着杰克森滔滔不绝的谈话，时间过得很快，飞机很快到达了目的地。临分手的时候，这位先生给了杰克森一张名片，并告诉杰克森，他欢迎杰克森随时给他打电话。

回到家里，杰克森整理物品的时候，发现了那张名片，仔细一看，杰克森大吃一惊，飞机上邻座的先生居然是著名的投资基金管理人！自己居然与著名的投资基金管理人谈了两个小时的话，并留下了良好的印象。杰克森毫不犹豫，马上提上行李，飞到纽约。一年之后，杰克森成为一名投资基金的新秀。

这个故事中，杰克森的人生的改变来自于他和这位基金管理人的结识，但如果他没有下定决心再次寻找这位投资人，想必他还有可能在做着单调的财务工作，更不可能实现自己的梦想。

可见，勇敢地尝试新事物，作出改变，可以帮助我们发现新的机会，使我们迈进从未进入的领域。生命原本是充满机会的，千万别因放弃尝试而错过机会。

事实证明，如果能够跨越传统思维障碍，掌握变通的艺术，就能应对各种变化，在变化中寻找到新机会，在变化中获取新利益。在我们的生命中，有时候我们必须作出艰难的决定，开始一个全新的过程。只要我们愿意放下旧的包袱，愿意学习新的技能，我们就能发挥自己的潜能，创造新的未来。我们需要的是自我改革的勇气与再生的决心。

另外，在你进行尝试时，你难免会产生一种“不可能”的念头，对此，你必须要从心理上超越它，只有这样，你才能站在高高的位置上，低头俯视你的问题。对于梦想，如果你不敢改变现在的生活，没有超人的胆识，就不会有超凡的成功。

放过自己，别和自己较劲

在我们的现实生活中，不少人总是被自己内心的矛盾所困扰，对于生活，他们不能以平常的心态面对，他们总是希望生活可以过得更好，总是认为自己可以获得更多，总是苛求生活。而他们痛苦的来源就是“把自己摆错了位置”，总要按照一个不切实际的计划生活，总是希望自己能成为他人眼中完美的人，而之所以这样，是因为他们内心的潜意识和显意识并不统一，他们总要跟自己较劲儿，所以整天郁闷不乐。相反，快乐的人明智地摆正了自己的位置，工作得心应手，生活有滋有味。因为他们懂得调节自己的潜意识，懂得生活的艺术，知道适时进退，取舍得当。快乐是把握今天，而不是等待将来。事实上，我们每天都可以做自己喜欢的事情，只要我们不在乎表面上的虚荣，凡事淡然，不苛求，那么，快乐、幸福就会常伴我们左右。

所以，我们可以说，要想获得快乐，我们就要学会放过自己，学会让个人的欲望适应现实的环境，使得自己的显意识和潜意识和谐，这样，内心的矛盾和纠结才会逐渐平息，我们的心灵才会获得安宁和幸福。

我们来看一个好学生的日记：

聪明、听话、成绩超棒、老师们都喜欢我……从小，我就是听着周围这样的赞扬长大的。周围的同学都很羡慕我，可又有多少人知道，我更羡慕他们。我知道自己并没有他们说得那么好，只是我比他们善于伪装。

有时，我也想放下伪装，和他们一样疯玩一阵，直到大汗淋漓才停下来休息。小学里，下午第二节课后有长达半小时的课间，教室里只能留下值日生，其他人都在操场上活动。老师不允许我们剧烈运动，回教室若看到谁面红耳赤、气喘吁吁，便让他们站在门口，直到恢复平静才能进教室。尽管如此，同学们依旧先疯玩20分钟，剩下10分钟休息。而我，每次捧一本书坐在一边，却看不进什么东西。其实我也想和他们一起玩，但是我害怕。我害怕同学们说“好同学也不过如此，只会在老师面前装乖”，我害怕老师说“一点好学生的样子也没有”。每次听着老师的表扬、同学们的羡慕或不屑之词，我都一阵苦笑。

有时，我也想放下伪装，好好在周末休息，不用往返于各种提优班之间。从小学三年级起，妈妈就问我是否要去上英语提优班。我真的不想去，其实我的英语学习才刚刚开始，我可不想基础还未扎稳就拼命跑。但是，我“很高兴”地答应了，妈妈也很高兴地为我报了名。于是，我越来越多的时间花在上课和写作业之间。纵然心中很无奈，但我知道我没有拒绝的权利。与其被动接受，不如主动迎接，这样起码妈妈是开心的。

有时，我也想放下伪装，轻轻松松地学习，无论成绩如何，不受其他人的过度关注。每次考试，我都会尽心尽力，我的成绩与名次受到很多人的关注。我不敢有稍稍的懈怠，不敢让自己的成绩下滑。每次我考试成绩都很好，父母也很高兴，我看上去也很高兴，可只有我自己知道内心的苦涩。

这可能是很多学习成绩优异的孩子们内心的声音，在荣誉的光环照耀下，他们不得不变成父母、老师眼中的乖孩子，但他们内心的苦涩、累、害怕，只有他们自己知道，也许，他们失去更多的是一个孩子的真正的快乐。

其实，追求完美，这是一种追求进步的表现，如果人们都满足于现状，那我们将会止步不前。因此，可以说，追求完美并没有什么不好，相反，很多时候，精益求精对我们的能力、知识、经验等方面都大有益处。

那么，如果你是一个苛求自己的人，该如何做到自我调整，达到潜意识和显意识的统一，以实现内心的和谐呢？

1. 不要苛求自己。你不要总是问自己，这样做到位吗，别人会怎么看呢，过分在乎别人的看法就是苛求自己，你会忽略自己的存在。

2. 要改变自己的观念。你需要明白一点，世界上没有完美的事，保持一颗平常心并知足常乐，才是完美的心境。换一种新的思路，即尝试不完美。

3. 要改变释放方式。当你心情压抑时，你要选择正确的方式发泄，比如，唱歌、听音乐、运动等，并且，你要抱着一种享受发泄的心情，这样，你很快会感受到快乐。

4. 让一切顺其自然。不要对生活有对抗心理，过于较真的人，他们会活得很累，因此在思考问题时要学会接纳控制不了的局面，接纳自己所有的事，不要钻牛角尖。

5. 什么事情都要有个度，追求完美若超过了这个度，心里就有可能系上解不开的疙瘩。我们常说的心理疾病，往往就是这样不知不觉出现的。对待自己的错误不依不饶的人，总是不想让人看到他们有任何瑕疵，给人的感觉是过分宽容，看似开朗热情，其实活得很累。

6. 失败的时候，请原谅自己。想一想，如果你的好朋友经历了同样的挫折，你会怎样安慰他？你会说哪些鼓励的话？你会如何鼓励他继续追求自己的目标？这个视角会为你指明重归正途之路。

因此，我们每个人都要记住，再美的钻石也有瑕疵，再纯的黄金也有不足，世间的万物没有纯而又纯和完美无瑕的，人也不例外。我们每个人都不可能一尘不染，在道德上、在言行上都不可能没有一点错误和不当。人总是趋于完美而永远达不到完美。因此，我们每个人不要对自己和别的人作过高的不切实际的要求，我们都是凡人一个。

为自己制定一个可以实现的幸福未来

前面，我们已经分析过，任何一个人，只有拥有了目标，才能在潜意识之中产生源源不断的奋斗动力，才能产生持久的激情。同样，要获得幸福，我们也要明确自己的奋斗目标，只有这样，我们才能成为一个有理想、有追求、有上进心的人。

所以，我们每个人都应该早励志，尽早为未来的幸福生活作打算，你要想成为自己想成为的模样，就要趁早努力。因为目标是一切成就的起点。一个人只有确立了前进的目标，他才能最大限度地发挥自己的潜力。除此之外，努力是实现目标的唯一途径，只有不断努力，我们才能检验出自己的创造性，才能锻炼自己，造就自己。

人生是一个不断积累的过程，要想获得幸福，要想成为你想成为的人，你就要从现在开始努力，就要树立一个切实可行的目标，然后勇敢地去执行，最终收获丰富多彩的人生。

在很多渴望成功的人眼里，石油大王洛克菲勒是他们学习的榜样。他能从一无所有到拥有现在的商业帝国，这本身就是一个传奇，但事实上，这却是他持之以恒、积极奋斗的回报，是命运之神对他艰苦付出的奖赏。他曾经对自己的儿子说过这样一句话："我们的命运由我们的行动决定，而绝非完全由我们的出生决定。"生活中的我们也需要记住，一个人的命运如何，是掌握在自己手里的，出身只能决定我们的起点，不能决定我们的终点，对此，洛克菲勒的人生轨迹可以加以证明：

幼年时的他就开始随着父母过着动荡不安的生活，他们总是搬迁。到他11岁时，父亲因一桩诉讼案而出逃。此后，年仅11岁的洛克菲勒就担起了家里生活的重担。

后来，对知识的渴望，让他在商业专科学校学习了三个月，在学会了会计和银行学之后，就辍学了。

出了学校的洛克菲勒，刚开始在休伊特·塔特尔公司做会计助理。在工作中，他始终不忘学习。每次，当休伊特和塔特尔讨论有关出纳的问题时，洛克菲勒总是认真倾听，从中汲取知识。另外，洛克菲勒在这家公司从业期间，为公司带来不少效益，赢得了老板的赏识。

洛克菲勒很细心，每次在公司交水电费的时候，洛克菲勒都要逐项核查后才付款，而老板只看总金额，这很快让洛克菲勒取得了老板的信任。

又有一次，公司高价购买的大理石有瑕疵，洛克菲勒巧妙地为公司索回赔偿。休伊特很欣赏他，就给他加了薪。

后来，洛克菲勒从一则新闻报道中得知由于气候原因英国农作物大面积减产。于是他建议老板大量收购粮食和火腿，老板听从了他的建议。公司因此而获取了巨额的利润。

成绩斐然的洛克菲勒要求加薪，遭到了拒绝。于是，洛克菲勒决定离开公司，自己创业。洛克菲勒只有800元，而创办一家谷物牧草经纪公司至少也得4000元。于是他和克拉克合伙创业，每人各出2000元。洛克菲勒想办法又筹集了1200元，才凑够了2000元。这一年，美国中西部遭受了霜灾，农民要求以来年的谷物作抵押，请求洛克菲勒的公司为他们支付定金。公司没有那么多资金，洛克菲勒从银行贷款，满足了农民的需要。经过一年的苦心经营，他的公司获利4000美元。

而如今，洛克菲勒中心的53层摩天大楼坐落在美国纽约第五大道上。这里也是标准石油公司的所在地。标准石油公司创立之初（1870年)仅有5个人，而今天该公司拥有股东30万，油轮500多艘，年收入已达五六百亿美元，可以说，这里的一举一动牵动着国际石油市场的每一根神经。

洛克菲勒的人生就是从一个周薪只有5元钱的簿记员开始的，经由不懈的奋斗，他建立了一个令人艳羡的石油王国。洛克菲勒的成功并不是一个神话，他只是更懂得用行动和智慧来经营人生，他有一双发现机会的慧眼。他从为别人打工开始，就显示出了与众不同的智慧。

这个真实的故事再次使我们坚信：如果一个人在年轻时就在内心中树立一个目标，并坚持不懈地为之努力，那么，他一定会是一位成功的人。

人只有树立了目标，内心的力量和头脑的智慧才会找到方向。目标是对于所期望成就的事业的真正决心。如果一个人没有目标，就只能在人生的旅途上徘徊，永远到不了任何地方。正如空气对于生命一样，目标对于成功也有绝对的必要。如果没有空气，人就不能生存；如果没有目标，没有任何人能成功。

所以，生活中的人们，如果你希望在未来过上幸福的生活，你就要在现在开始早作打算，就要从现在开始努力。并且，再也不要被那些消极的思维左右自己了，不要认为自己年纪大，不要认为自己愚笨，成为一个积极向上的人，培养自己的热忱，找到自己的目标，我们就能为现在的自己作一个准确的定位，就能实现自己的人生目标。

参考文献

[1]刘心阳. 与潜意识对话[M]. 武汉：武汉大学出版社出版社，2015.

[2]爱德华滋. 意识与潜意识[M]. 北京：北京大学医学出版社，2007.

[3]石井裕之. 瞬间让自己与众不同——潜意识挖掘术[M]. 北京：电子工业出版社，2014.

[4]皮尔斯 · 直觉[M]. 王志宏，译. 北京：华夏出版社，2009.

[5]张国庆. 解码潜意识[M]. 北京：中国纺织出版社，2013.